Dr Charles L. Whitfield

L'ENFANT INTÉRIEUR

traduit de l'américain par
Jean-Robert Saucyer

Titre original : *Healing the Child Within*
© 1986 Charles L. Whitfield
Publié par :
Health Communications, Inc.
3201 S.W. 15th Street
Deerfield Beach, Florida 33442

Version française :
Les éditions Modus Vivendi
C.P. 213, Dépôt Sainte-Dorothée
Laval (Québec) Canada
H7X 2T4

Traduit de l'américain par Jean-Robert Saucyer
Illustration de la page couverture : Mario Monastesse
Infographie : Luc A. Sauvé

Dépôt légal : deuxième trimestre 1993
Bibliothèque nationale du Québec
Bibliothèque nationale du Canada
ISBN : 2-921556-02-2

Données de catalogage avant publication (Canada)

Whitfield, Charles L.

L'Enfant intérieur

Traduction de : *Healing the Child Within*
Comprend des références bibliographiques

ISBN 2-921556-01-4

1. Co-dépendance (Psychologie) - Traitement.
2. Moi (Psychologie). 3. Adultes-enfants de familles
inadaptées. I. Titre.

RC569.5.C63W4714 1993   616.89   C93-096031-9

*Je dédie ce livre à l'enfant
que chacun de nous abrite en lui.*

Remerciements

Je souhaite remercier les personnes suivantes, qui ont lu une ébauche de mon manuscrit et m'ont présenté des critiques constructives : Herb Gravitz, Julie Bowden, Vicki Mermelstein, Rebecca Peres, Jerry Hunt, John Femino, Jeanne Harper, Barbara Ensor, Lucy Robe, John Davis, Doug Hedrick, Mary Jackson, Barry Tuchfeld, Bob Subby et Anne Wilson Schaef.

Ma gratitude va également aux personnes suivantes, qui m'ont accordé la permission de reproduire leurs écrits : Portia Nelson (*Autobiography in Five Short Chapters*, copyright Portia Nelson, 1980, réimpression *The Popular Library Edition*), *There's a Hole in my Sidewalk*, copyright 1977, permission en instance, Arthur Deikman (*The Observing Self*, copyright 1972, Beacon Press, Boston), Alice Miller (*Thou Shalt Not Be Aware*, copyright Alice Miller, paru chez Farrar Straus Giroux, New York), Bruce Fischer (pour son illustration du cycle de la honte et d'un comportement compulsif, copyright Bruce Fischer 1986), l'Association psychiatrique américaine (*Severity Rating of Psychosocial Stressors*, à partir du DSM-III, copyright 1980), Al-Anon (pour le questionnaire destiné aux familles des adultes-enfants issus d'un parent alcoolique, Madison Square Station, New York, 1985), Charles C. Finn (pour le poème intitulé : *Please Hear What I'm Not Saying*, copyright de l'auteur, 1966), l'auteur anonyme du poème intitulé : *Afraid of Night*, Timmen Cermak (*Diagnosing and Treating Co-dependence*, copyright *Johnson Institute*, 1986).

Table des matières

Préface à l'édition française

Éprouvez-vous de la difficulté à nouer des relations personnelles? Avez-vous du mal à définir vos sentiments et à les maîtriser? Vous laissez-vous malmener parfois sans que vous sachiez comment réagir? Voilà autant de questions qui vous aideront à mieux vous connaître et à vous identifier à titre d'adulte-enfant issu d'une famille dysfonctionnelle.

Nourrir de telles préoccupations ne signifie pas que l'on soit méchant, malade, fou ou stupide; cela révèle plutôt que l'on n'a pas grandi au sein d'une famille qui veillait à combler nos besoins personnels, et que l'on est *blessé*. Envisager cette possibilité et laisser cette connaissance se faire jour peut mener à la libération de la douleur et des souffrances inutiles.

Depuis le début de la décennie 1980, un grand nombre de gens se sont éveillés à ce type d'expérience, parmi lesquels plusieurs commencent à se remettre de leurs souffrances intérieures. Ce phénomène dit de rétablissement intérieur participe à un nouveau paradigme, à une nouvelle compréhension approfondie de la condition humaine et aux remèdes qui l'apaisent. Cette démarche très efficace a gagné du terrain pour deux raisons : son énergie surgit des êtres mêmes qui s'y essaient et elle emploie les connaissances les plus précises et les plus favorables dont on dispose à propos de la condition humaine. Toutefois, cette connaissance diffère en ceci qu'elle est démystifiée, simplifiée. Voilà ce à quoi je me suis employé dans cet ouvrage!

11

Je suis très heureux que ce livre soit à présent publié en français. Je l'ai écrit lorsque je me suis rendu compte que la locution «Enfant intérieur» était davantage qu'une métaphore désignant le Moi véritable. Car il s'agit en vérité du Moi véritable, de l'être que l'on est vraiment. Depuis, on estime à plusieurs millions le nombre de ceux qui ont entrepris leur rétablissement intérieur par le biais de cette démarche; plus d'un million d'exemplaires de ce livre ont été vendus en Amérique du Nord!

La trajectoire sur laquelle nous place la condition humaine soulève en nous plusieurs questions : «Qui suis-je?», «Que fais-je?», «Où vais-je?», «Comment atteindre la sérénité?». Les réponses à ces questions relèvent bien sûr des mystères divins, mais la démarche salutaire élaborée dans cet ouvrage en a aidé plus d'un. Lorsque j'ai commencé à formuler des réponses à ces questions, j'ai cru utile de tracer une carte de la psyché. Cette carte n'en délimite pas le territoire, mais elle trouve son utilité.

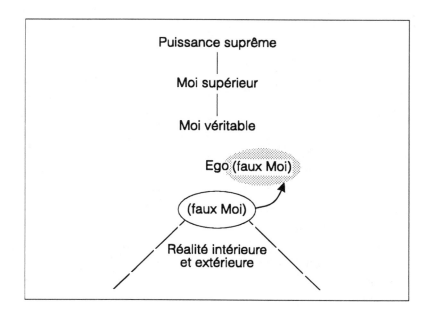

D'autres appellations sont données au Moi véritable, c'est-à-dire à l'être que je suis vraiment : le *Moi réel* ou *existentiel*, le *cœur* humain, l'*âme* et l'*Enfant intérieur*. Ces termes désignent la même chose, soit l'identité réelle d'un être. Je suis également porteur d'une nature divine dont on dit qu'il s'agit d'un ange gardien, d'Atman, du noble octuple sentier de Bouddha, du Moi supérieur ou simplement du Soi. Le Moi véritable et le Moi supérieur sont étroitement liés à la puissance suprême de chacun, au Dieu qui règne sur tout, dont une parcelle éclaire chacun de nous.

Cette relation entre le Moi véritable, le Moi supérieur et la puissance suprême importe à tel point que, selon moi, les trois ne forment qu'une même personne : l'*Être sacré*. Participant au grand mystère, mon Moi véritable se forme un adjoint qui m'assiste alors que je connais l'expérience humaine. Cet adjoint, ce compagnon d'aventures, n'est autre que l'ego, également connu sous l'appellation de «faux Moi» ou «Moi co-dépendant». Lorsque cet ego nous vient en aide, par exemple pour filtrer, trier et traiter différents aspects de la réalité intérieure et extérieure, on dit qu'il s'agit d'un *ego positif.* Cependant, lorsqu'il tente de nous dominer et de diriger nos vies, il devient un *ego négatif.*

Cette carte de la psyché est plus détaillée que celles de Freud, de Jung et de leurs confrères du début du siècle, car alors le terme «ego» désignait tant le Moi véritable que le faux Moi. Depuis la décennie 1930, la différenciation s'est précisée entre le Moi véritable et le faux Moi, de sorte qu'aujourd'hui le terme «ego» est synonyme du second.

On peut lire dans l'introduction du livre intitulé : *A Course in Miracles* :

«Ce qui est réel ne peut subir de menaces
Ce qui est irréel n'existe pas
En cela réside la paix divine.»

Ce qui est réel est Dieu et Son monde, celui de l'Être sacré. L'ego et son monde ne sont pas réels et, en conséquence, n'existent pas dans le grand projet divin. En cela réside la paix intérieure, la sérénité, lorsqu'on parvient à cette différenciation.

L'enfance et l'adolescence passées au sein d'une famille et d'une société dysfonctionnelles peuvent nous avoir infligé quelques blessures profondes. Ces blessures ont forcé notre Enfant intérieur (notre Moi véritable) à entrer en réclusion, de sorte que seul l'ego fut laissé aux commandes. Étant donné que celui-ci n'a pas les compétences de diriger notre existence, nous ressentons tristesse et confusion.

Nous sortirons de ce cycle d'abord en différenciant le Moi véritable du faux, puis en guérissant les blessures que nous ont valu les circonstances entourant les peines et la confusion initiales. Ce processus fait l'objet du présent ouvrage, ainsi que des livres à paraître subséquemment en français, intitulés : *A Gift to Myself*, *Co-Dependance – Healing the Human Condition* et *Boundaries and Relationships*.

L'ensemble de ces renseignements trouvent certes leur utilité sur le plan cognitif, mais il faut les transposer sur le plan de l'expérience afin de se rétablir. Pour prendre du mieux, il faut se confronter consciemment à sa douleur, l'assumer jusqu'au bout, pour ensuite aimer et apprécier la vie. Je souhaite que cette nouvelle édition vous soit utile et qu'elle apporte quelques réponses à ces questions.

Charles L. Whitfield
Baltimore, 1993

Liste des tableaux et schémas

TABLEAUX

SCHÉMAS

Chapitre 1

À la découverte
de l'enfant en soi

INTRODUCTION

L e concept de l'«Enfant intérieur» participe à la culture depuis au moins deux millénaires. Carl Jung parlait de l'«enfant divin», alors que Emmet Fox l'appelait l'«enfant prodige». Les psychothérapeutes Alice Miller et Donald Winnicott, quant à eux, font référence au «Moi véritable». Rokelle Lerner et quelques autres de ses collègues œuvrant dans le domaine de la dépendance aux substances chimiques parlent de l'«Enfant intérieur».

L'expression «Enfant intérieur» désigne quelque chose tant vivante, énergique, créatrice que comblée qui vibre en chacun de nous : c'est-à-dire notre Moi véritable, celui ou celle que nous sommes vraiment.

En raison de l'apport inconscient de la société et des parents, la majorité d'entre nous dénie son existence. Lorsque cet enfant ne reçoit pas d'attention et qu'il ne jouit pas de liberté d'expression, un faux Moi (un Moi co-dépendant) apparaît. L'être vit alors en tant que victime et connaît de grandes difficultés à surmonter ses épreuves, ses chocs émotifs. L'accumulation graduelle d'expériences mentales et émotionnelles demeurées inachevées peut culminer en anxiété, en peur, en confusion, en sentiment de vide et en malheur chroniques.

Le reniement de l'Enfant intérieur et l'émergence subséquente d'un Moi co-dépendant sont particulièrement répandus chez les enfants et les adultes ayant grandi au sein de familles troublées. La maladie mentale ou physique, la rigidité, la froideur et le manque d'attention y sont fréquents.

Il y a pourtant un moyen de s'en sortir. Une méthode existe, qui permet de découvrir et de rétablir son Enfant intérieur, de le libérer de la souffrance et de la servitude causées par le faux Moi (co-dépendant). Voilà ce dont il sera question dans cet ouvrage!

CE LIVRE PEUT-IL M'ÊTRE DE QUELQUE SECOURS?

Nous n'avons pas tous connu une enfance malheureuse et nous ignorons le nombre exact de personnes ayant grandi dans un environnement sain et aimant, dont les besoins ont été comblés. J'estime qu'entre cinq et vingt pour cent d'entre nous ont eu cette chance; cela signifie qu'entre quatre-vingts et quatre-vingt-quinze pour cent de la population furent privés de l'amour et de l'attention nécessaires à la formation de relations saines et durables, qui contribuent à une perception positive de soi.

Bien sûr, il n'est pas facile de déterminer si vos relations face à vous-même ou à autrui sont saines ou pas mais, en ce sens, il serait utile de répondre aux questions suivantes.

Il s'agit d'un questionnaire portant sur le potentiel de rétablissement intérieur, qui met en lumière non seulement les douleurs, mais également notre habileté à vivre d'agréable façon, avec la possibilité de croître sur le plan personnel et de se réaliser.

QUESTIONNAIRE SUR LE POTENTIEL DE RÉTABLISSEMENT INTÉRIEUR

Encerclez ou cochez le mot qui correspond le mieux à ce que vous ressentez vraiment.

1. Recherchez-vous l'approbation de votre entourage?
   Jamais   Rarement   Quelquefois   Souvent   Habituellement

2. Avez-vous du mal à reconnaître vos accomplissements?
   Jamais   Rarement   Quelquefois   Souvent   Habituellement

3. Craignez-vous la critique?
   Jamais   Rarement   Quelquefois   Souvent   Habituellement

4. Êtes-vous porté au surmenage?
   Jamais   Rarement   Quelquefois   Souvent   Habituellement

5. Votre comportement compulsif vous a-t-il déjà créé des ennuis?
   Jamais   Rarement   Quelquefois   Souvent   Habituellement

6. Êtes-vous perfectionniste?
   Jamais   Rarement   Quelquefois   Souvent   Habituellement

7. Êtes-vous mal à l'aise lorsque tout va bien? Anticipez-vous continuellement des ennuis?
   Jamais   Rarement   Quelquefois   Souvent   Habituellement

8. Vous sentez-vous plus en forme en temps de crise?
   Jamais   Rarement   Quelquefois   Souvent   Habituellement

9. Est-il plus facile de vous occuper des autres que de prendre soin de vous-même?
   Jamais   Rarement   Quelquefois   Souvent   Habituellement

10. Avez-vous tendance à vous isoler?
    Jamais   Rarement   Quelquefois   Souvent   Habituellement

11. Les personnes autoritaires ou agressives
vous causent-elles de l'anxiété ou de l'agressivité?

Jamais   Rarement   Quelquefois   Souvent   Habituellement

12. Estimez-vous que votre entourage ou la société
dans son ensemble profite de vous?

Jamais   Rarement   Quelquefois   Souvent   Habituellement

13. Les relations intimes vous causent-elles des difficultés?

Jamais   Rarement   Quelquefois   Souvent   Habituellement

14. Avez-vous tendance à attirer ou à vous entourer
de gens compulsifs?

Jamais   Rarement   Quelquefois   Souvent   Habituellement

15. Entretenez-vous certaines relations
par crainte de la solitude?

Jamais   Rarement   Quelquefois   Souvent   Habituellement

16. Doutez-vous souvent de vos sentiments
ainsi que de ceux des autres?

Jamais   Rarement   Quelquefois   Souvent   Habituellement

17. Avez-vous de la difficulté à exprimer vos émotions?

Jamais   Rarement   Quelquefois   Souvent   Habituellement

Si vous avez répondu «quelquefois», «souvent» ou «habituellement» et ce, quelle que soit la question, il vous sera utile de poursuivre cette lecture. (Ces questions ont été modifiées grâce à la permission de *Al-Anon Family Group*, 1984.)

Voici d'autres questions qu'il faut se poser :

18. Craignez-vous ce qui suit :

Perdre le contrôle?

Jamais   Rarement   Quelquefois   Souvent   Habituellement

Les conflits et la critique?

Jamais   Rarement   Quelquefois   Souvent   Habituellement

Le rejet et l'abandon?

Jamais   Rarement   Quelquefois   Souvent   Habituellement

Être un raté (une ratée)?

Jamais   Rarement   Quelquefois   Souvent   Habituellement

19. Avez-vous de la difficulté à vous détendre
et à vous amuser?

Jamais   Rarement   Quelquefois   Souvent   Habituellement

20. Êtes-vous un mangeur compulsif, un bourreau de travail,
un buveur invétéré, un consommateur de drogues
ou quelqu'un qui recherche l'exaltation?

Jamais   Rarement   Quelquefois   Souvent   Habituellement

21. Avez-vous déjà entrepris une psychothérapie et,
malgré cela, avez-vous encore l'impression que
quelque chose ne va pas?

Jamais   Rarement   Quelquefois   Souvent   Habituellement

22. Ressentez-vous souvent un engourdissement
ou un vide intérieur, de la tristesse?

Jamais   Rarement   Quelquefois   Souvent   Habituellement

23. Éprouvez-vous de la difficulté à accorder votre confiance?

Jamais   Rarement   Quelquefois   Souvent   Habituellement

24. Votre sens des responsabilités est-il démesuré?

Jamais   Rarement   Quelquefois   Souvent   Habituellement

25. Avez-vous le sentiment de ne rien accomplir,
tant sur le plan personnel que professionnel?

Jamais   Rarement   Quelquefois   Souvent   Habituellement

26. Avez-vous un sentiment de culpabilité, d'infériorité,
de piètre estime de soi?

Jamais   Rarement   Quelquefois   Souvent   Habituellement

27. Êtes-vous enclin à la fatigue et aux douleurs chroniques?

Jamais   Rarement   Quelquefois   Souvent   Habituellement

28. Avez-vous du mal à rendre visite à vos parents plus de
quelques minutes ou de quelques heures à la fois?

Jamais   Rarement   Quelquefois   Souvent   Habituellement

29. Éprouvez-vous quelque incertitude lorsqu'on vous pose
des questions relatives à vos sentiments?

Jamais   Rarement   Quelquefois   Souvent   Habituellement

30. Vous êtes-vous déjà demandé si vous aviez été
maltraité ou négligé durant votre enfance?

Jamais   Rarement   Quelquefois   Souvent   Habituellement

31. Avez-vous du mal à demander aux autres ce que vous
attendez d'eux?

Jamais   Rarement   Quelquefois   Souvent   Habituellement

Si vous avez répondu «quelquefois», «souvent» ou «habituellement» et ce, quelle que soit la question, il vous sera utile de poursuivre cette lecture. (Si vous avez répondu «jamais» à plusieurs de ces questions, vous pourriez n'avoir aucune conscience de vos sentiments.)

Dans cet ouvrage, je décris certains principes fondamentaux de la découverte de soi et j'envisage comme solution la libération du Moi véritable ou de l'Enfant intérieur. J'élabore sur l'émancipation du Moi véritable, à la suite de quoi il est possible d'apaiser notre confusion, nos souffrances et nos douleurs.

Il faudra du temps, des efforts et de la discipline personnelle afin que s'accomplisse cette tâche de reconstruction intérieure. Je vous conseille d'aborder la lecture des chapitres de ce livre un à la fois, et de les relire à intervalles réguliers, au cours des mois et des années à venir.

Chapitre 2

Historique du concept de l'Enfant intérieur

L a notion d'Enfant intérieur remonte longtemps avant l'avènement de Jésus-Christ. On attribue cependant à trois développements plutôt récents le concept tel qu'il s'énonce à l'heure actuelle.

MAUVAIS TRAITEMENTS ET NÉGLIGENCE INFLIGÉS À L'ENFANT

Le premier développement découle de deux mouvement : le premier se penche sur les enfants maltraités, alors que le second – résultant du premier – fut influencé par plusieurs cliniciens et auteurs œuvrant dans le domaine de la psychothérapie. Ces courants ont évolué simultanément depuis les cinquante dernières années, coïncidant ainsi avec le synchronisme du deuxième mouvement d'importance touchant l'Enfant intérieur.

Ce deuxième développement englobe le principe du mouvement d'auto-assistance basé sur les douze étapes, ainsi qu'un mouvement similaire axé sur le traitement des alcooliques et de leurs familles. Cela pourrait étonner ceux d'entre vous qui sont peu familiers avec les mauvais traitements infligés aux enfants, la psychothérapie et le rétablissement de l'alcoolique. Il existe pourtant un lien direct entre ces derniers, chacun contribuant à l'autre.

LE RÉTABLISSEMENT DE L'ALCOOLIQUE

C'est en 1935 que furent instituées les véritables thérapies visant le rétablissement de l'alcoolique, lors de la fondation du mouvement des Alcooliques Anonymes (A.A.). En plus d'être eux-mêmes alcooliques, la majorité des fondateurs du mouvement étaient des enfants d'alcooliques ou avaient été maltraités durant leur enfance. Un grand nombre avait d'abord tenté de résoudre ses problèmes en faisant différentes psychothérapies, mais sans succès. Malheureusement, aujourd'hui encore, hors du cadre des traitements spécialisés dans l'alcoolisme, la psychothérapie individuelle traitant les alcooliques et les membres de leurs familles n'a pas vraiment fait l'objet d'améliorations.

Au même titre que la psychothérapie, la thérapie traitant le problème de la brutalité et de la négligence envers l'enfant commence à peine de constater l'efficacité des méthodes cliniques employées pour les alcooliques, les intoxiqués aux substances chimiques et les êtres co-dépendants. Les spécialistes en alcoolisme profitent à leur tour de la psychothérapie usitée auprès des enfants maltraités et négligés.

Pendant les vingt premières années de son existence, le mouvement des «Alcooliques Anonymes» proliféra et s'affirma rapidement comme le traitement idéal pour les alcooliques (Kurtz, 1979). Le rétablissement proposé, basé sur douze étapes, fut une révélation pour l'alcoolique jusqu'alors incompris et méprisé. Au milieu des années 1950, on assista à la fondation du mouvement de thérapie familiale et du mouvement Al-Anon, regroupant les membres de la famille et les amis d'alcooliques. On oublia cependant les enfants grandissant auprès d'alcooliques et, surtout, l'Enfant intérieur qu'abrite tout un chacun concerné.

Il fallut attendre la fin de la décennie 1960 pour voir la parution de livres et d'articles sérieux portant sur les enfants issus de familles d'alcooliques. Le premier d'entre eux, intitulé : *The Forgotten Child* (L'enfant oublié) et signé Margaret Cork, parut en 1969. Dès lors, les ouvrages sur ce sujet devinrent peu à peu plus nombreux.

LA FAMILLE ET LES ENFANTS

On assista au début de la décennie 1980 à l'émergence d'approches pratiques visant la compréhension et l'aide offertes aux membres des familles dont un membre est dépendant de l'alcool ou de substances chimiques. Ce domaine connut un essor si rapide que plusieurs cliniciens et éducateurs en ont fait leur sphère de spécialisation. En 1983, la fondation de l'association américaine des enfants d'alcooliques (*National Association for Children of Alcoholics, NACoA*) favorisa la formation de différents réseaux informatifs et la diffusion des renseignements pertinents. Au même moment débutèrent les rencontres des premiers groupes d'entraide pour les adultes issus d'alcooliques. Ces groupes prolifèrent maintenant à un rythme tel que l'on estime que chaque jour un nouveau regroupement est fondé aux États-Unis (*Cermak*, 1985; *ACA*, 1985; *Al-Anon*, 1986).

Le concept d'Enfant intérieur a surgi de nouveau et a pris de l'ampleur ces récentes années, tant dans le domaine de la thérapie des familles d'alcooliques que dans celui de la psychothérapie.

LA PSYCHOTHÉRAPIE

Le lien entre la psychothérapie et le concept d'Enfant intérieur commença de se tisser avec la découverte de l'inconscient, qui fut suivie de la théorie freudienne du traumatisme. Freud écarta toutefois rapidement cette dernière au profit d'une autre qui s'avéra moins efficace sur le plan clinique dans le traitement des traumatismes de l'enfance, soit la théorie de l'instinct et le complexe d'Œdipe (Freud, 1964; Miller, 1983, 1984). Toutefois, plusieurs de ses étudiants parmi les plus brillants et les plus prometteurs, ainsi que certains de ses collègues, s'opposèrent à cette pensée. Jung, Adler, Rank et Assagioli, par exemple, désapprouvaient ses deux plus récentes théories et contribuèrent à la psychothérapie en ouvrant la voie au concept de l'Enfant intérieur (le Moi véritable), qui fit peu à peu son chemin. Erikson, Klein, Horney, Sullivan, Fairbairn, Hartman, Jacobson et plusieurs autres préparèrent le chemin pour le pédiatre londonien Donald Winnicott dans la description de ses observations sur les mères, les nouveau-nés et les enfants. Ces observations contenaient aussi des spécifications relatives au Moi véritable, qui est l'Enfant intérieur, essentiel à la vie et au désir de vivre.

S'inspirant d'ouvrages portant sur la psychothérapie psychanalytique, notamment d'auteurs tels que Freud et Winnicott, de ses propres observations cliniques et de lectures traitant des sévices infligés aux enfants, Alice Miller commença en 1979 à intégrer à sa pratique les notions d'«abus» et de «négligence», l'approche psychanalytique ainsi que des méthodes d'intervention auprès d'enfants maltraités. Par contre, dans trois de ses livres, seulement à deux reprises établit-elle un lien entre l'alcoolisme chez l'un des parents et le mal causé à l'Enfant intérieur, malgré le fait que plusieurs de ses patients, et ceux de ses collègues psychanalystes, étaient probablement issus de parents alcooliques et co-dépendants. Mon intention n'est pas de la prendre en défaut, car j'estime qu'elle a reçu une instruction incomplète, comme cela a été le cas pour moi et nombre de mes collègues, c'est-à-dire que nous n'avons reçu aucune formation pour traiter l'alcoolisme et la co-dépendance en tant que maladies primaires (Whitfield, 1980). En réalité, notre formation relative à ces deux affections cliniques répandues fut plutôt négative.

LA MALADIE

La psychothérapie collective et l'imagerie guidée en tant que traitement auprès des cancéreux ont fourni une importante contribution au rétablissement de l'Enfant intérieur. En se rendant compte que plusieurs malades atteints d'un cancer avaient éprouvé du mal à satisfaire leurs besoins et à exprimer leurs émotions, Mathews-Simonton et d'autres (1983) ont décrit des approches servant à remédier à ces besoins. D'autres thérapeutes œuvrant en médecine commencent maintenant à employer des approches similaires dans le traitement des maladies cardiaques et des maladies mortelles (Dossey, 1984; Moss, 1985; Siegel, 1986). Je pense que les principes et les techniques liés au rétablissement de l'Enfant intérieur peuvent trouver une grande utilité dans le traitement d'autres maladies.

LA SPIRITUALITÉ

La spiritualité est le dernier élément qui lie ceux précités à l'Enfant intérieur. Les personnes œuvrant auprès d'alcooliques et de leurs familles obtiennent des résultats positifs en y recourant. Certains psychothérapeutes et médecins reconnaissent peu à peu son apport (Wilber, 1979, 1983; Kunz, Moss, Vaughan, Whitfield, Wegscheider-Cruse, 1985; Siegel, 1986; Bowden, Gravitz, 1987). Je parle de spiritualité (non pas de religion organisée) au long de cet ouvrage, en particulier au quinzième chapitre. Ainsi que je l'ai écrit dans *Alcoholism and Spirituality* (Alcoolisme et spiritualité), j'estime que la spiritualité est essentielle au rétablissement complet, qu'il s'agisse d'une maladie physique ou psychologique, tout spécialement dans la découverte et la guérison de l'Enfant intérieur, en vue de sa libération.

Qu'est-ce au juste que cet Enfant intérieur? Comment le reconnaître, le ressentir, le voir? Comment contribue-t-il à la rémission des troubles dont il fut question, ainsi que des maladies mentales, émotionnelles et spirituelles?

Chapitre 3

Cerner l'Enfant intérieur

M ême si cette notion nous semble irréelle, impalpable, chacun de nous abrite en lui un enfant; c'est cette partie de nous qui est vivante, énergique, créative et accomplie. Il s'agit de notre Moi véritable, de l'être que nous sommes vraiment. Horney, Masterson et d'autres parlent du «Moi véritable», alors que des psychothérapeutes tels que Winnicott et Miller parlent plutôt du «vrai Moi». D'autres, cliniciens et éducateurs traitant ou non l'alcoolisme et les proches de personnes alcooliques, parlent de l'«enfant intime».

Avec l'aide des parents, d'autres personnes investies d'une autorité, des institutions (par exemple, le système d'éducation, la religion organisée, la politique, les médias et même la psychothérapie), la majorité d'entre nous apprend à réprimer, à renier son Enfant intérieur. Lorsque cette composante vitale n'est pas favorisée, entretenue et encouragée à exprimer librement son essence, un faux Moi, un Moi co-dépendant, surgit. Le tableau 1 décrit ces deux parties de chacun de nous.

L'ENFANT INTÉRIEUR OU MOI VÉRITABLE

Dans ce livre, les termes suivants sont interchangeables : vrai Moi, Moi véritable, Enfant intérieur, Enfant intime, Enfant divin et Moi supérieur. (J'écris ces termes avec une majuscule initiale afin de souligner l'importance de leur signification dans notre vie et de faciliter la différenciation avec le faux Moi ou Moi inférieur.) Ces termes font aussi référence au cœur de notre être, ce que nous sommes lorsqu'authentiques, vifs et originaux.

TABLEAU 1. Quelques caractéristiques du Moi véritable et du Moi co-dépendant

---

Moi véritable	Moi co-dépendant
Moi authentique	Masque, Moi inauthentique
Vrai Moi	Faux Moi
Original	Personnalité artificielle
Spontané	Fonctionne péniblement
Démonstratif, aimant	Craintif, timide
Communicatif, généreux	Tendance au refoulement
Acceptation de soi et d'autrui	Envieux, critique, idéaliste, perfectionniste
Compatissant	Orienté vers autrui, trop conformiste
Aime sans condition	Aime conditionnellement
Ressent ses émotions, même l'agressivité spontanée, appropriée	Cache ou renie ses émotions, même l'agressivité longtemps refoulée
Affirmatif	Agressif ou passif (ou les deux)
Intuitif	Rationnel, logique
Enfant intérieur, Enfant intime, capable d'être enfant	Sens parental surdéveloppé; peut être enfantin
Besoin de jouer, de s'amuser	Évite de jouer et de s'amuser

Vulnérable	Prétend toujours être fort
Puissant au vrai sens	Puissance limitée
Confiant	Méfiant
Adore qu'on s'occupe de lui	Évite que l'on s'occupe de lui
Laisse aller	Contrôle, se retire
Complaisant envers lui-même	Implacable face à lui-même
Ouvert à l'inconscient	Bloque le matériel inconscient
N'oublie pas notre unité	Oublie notre unité, se sent distinct
Grandit librement	Adopte sans cesse des modèles inconscients négatifs
Moi privé	Moi public

Notre Moi véritable est spontané, démonstratif, aimant, généreux et communicatif. Notre vrai Moi accepte autrui comme il s'accepte lui-même. Il ressent et exprime ses émotions, qu'elles soient douloureuses ou agréables. Notre Moi véritable accepte les émotions sans les juger, sans les craindre et leur permet d'exister comme moyen d'appréciation et d'affirmation des événements de la vie.

L'Enfant intérieur est expressif, créateur et affirmatif. Il peut être à la fois enfantin et empreint de maturité; il a besoin d'agrément et pourtant il est vulnérable, peut-être en raison de son ouverture de cœur et de sa nature confiante. Il se livre à lui-même, à autrui et, en dernier lieu, à l'univers. Malgré cela, il est véritablement puissant (*cf.* chapitres 11 et 15). Il est sainement complaisant, voire indulgent, et prend plaisir à recevoir et à donner de l'attention. Il est aussi ouvert à cette vaste partie de nous-mêmes que nous appelons l'«inconscient». Il porte attention aux messages émis chaque jour par ce dernier, par exemple les rêves, les épreuves et la maladie.

Du fait qu'il existe et qu'il soit vrai, il peut croître en toute liberté. Alors que le Moi co-dépendant oublie, le Moi véritable se souvient de l'unicité qui nous lie aux autres et à l'univers. Pourtant, selon la plupart d'entre nous, le Moi véritable est également le moi personnel, intime, privé. Qui sait pourquoi nous préférons ne pas le partager? Peut-être craignons-nous d'en souffrir ou d'être rejetés? Selon certaines estimations, nous révélons aux autres notre Moi véritable en moyenne quinze minutes par jour. Quelle que soit la raison derrière ce choix, nous préférons que cette partie de nous-mêmes ne soit pas révélée.

Nous nous sentons vraiment vivants lorsque nous sommes «branchés» sur le Moi véritable. Nous ressentons parfois quelque douleur sous forme de peine, de souffrance, de culpabilité, de colère, néanmoins nous nous sentons bien vivants. Nous pouvons également connaître la joie sous forme de satisfaction, de bonheur, d'inspiration, voire même d'extase. En général, nous sentons que nous participons au flux nous entourant, que nous sommes complets, aptes, réels, entiers et sains d'esprit. Autrement dit, nous nous sentons bien vivants!

L'Enfant intérieur évolue naturellement dès l'instant de la naissance jusqu'au moment de la mort, à toutes les époques et durant chacune des transitions de l'existence. Nous n'avons rien à faire de particulier pour qu'émerge le Moi véritable. Il est, c'est tout. Si nous le laissons être, il se révélera sans qu'aucun effort ne soit déployé à cette fin. Hélas! un grand nombre d'efforts ne servent souvent qu'à nier son existence, qu'à le bâillonner.

LE FAUX MOI OU MOI CO-DÉPENDANT

À l'opposé, une autre partie de nous-mêmes éprouve souvent une sensation d'inconfort, d'inauthenticité, de lassitude. Pour la désigner, j'emploie l'une ou l'autre des locutions suivantes de façon interchangeable : le faux Moi, le Moi co-dépendant, le Moi inauthentique ou le Moi public.

Le faux Moi est en quelque sorte une fausse identité que l'on se donne. Inhibé, contractile et craintif, il s'agit de l'ego égocentrique, sans cesse centré sur lui-même, fonctionnant péniblement, réservé; il est envieux, critique, idéaliste, perfectionniste et favorise un sentiment honteux.

La faux Moi, détaché du Moi véritable, est orienté vers autrui, c'est-à-dire qu'il s'applique à renvoyer l'image correspondant à l'idée qu'il se fait des attentes extérieures. En ce sens, il est plus que conformiste. Il prodigue de l'amour, mais à ses conditions. Il masque ses sentiments, les dissimule ou les dénie. Qui plus est, il peut en inventer des faux, par exemple, lorsqu'on nous demande : «Comment ça va?» et que nous répondons évasivement et sans y songer : «Très bien, merci!» Cette réponse superficielle sert à nous garder de reconnaître la présence angoissante du faux Moi, qui ignore tout de ses émotions ou qui les connaît et leur impose le bâillon de la censure pour éviter de les qualifier.

Contrairement au Moi véritable qui est proprement affirmatif, le faux Moi est souvent improprement agressif, passif ou les deux à la fois.

Le faux Moi fait figure de parent critiqueur. Il évite le plaisir et l'agrément; il prétend être fort, voire puissant. Pourtant sa puissance est, au mieux, minimale et plutôt inexistante car, en réalité, elle est étonnamment vulnérable, méfiante et destructive.

Étant donné que le Moi co-dépendant préfère se reclure pour mieux manipuler, il renonce à son propre épanouissement. Il ne peut rendre les armes. Centré sur lui-même, il tente d'intercepter les messages émis par l'inconscient. Même alors, il agit sans cesse à partir de schèmes douloureux provenant de l'inconscient. Son sens de l'unicité refoulé, il se sent isolé. Il devient le Moi public, celui que nous devrions être – pensons-nous – en fonction de l'entourage.

La plupart du temps, lorsque nous tenons le rôle du Moi co-dépendant, nous sommes mal à l'aise, nous nous sentons contraints dans un cadre strict, pour ne pas dire engourdis. Nous n'avons pas l'impression d'être vrais, entiers, ni même sains d'esprit. Nous percevons alors que quelque chose ne va pas, qu'un élément est manquant.

Paradoxalement, nous croyons le plus souvent que ce faux Moi est notre Moi véritable, ce qui explique notre dépendance. Nous sommes tellement habitués à tenir un rôle, que le Moi véritable se sent coupable d'exister, comme si le naturel était faux et honteux. Entrevoir un changement de cet ordre est terrifiant!

L'existence du Moi co-dépendant semble uni-versellement répandue. On y fait allusion chaque jour tant dans la vie active que dans les imprimés. Il fut affublé de diverses appellations, décrit comme un instrument de survie, une psychopathologie, un ego égocentrique, un Moi défensif, faible (Masterson, 1985). Il peut s'avérer destructeur tant pour soi-même, pour autrui que pour les relations personnelles. Il s'agit par contre d'une épée à deux tranchants qui a quelque utilité. Mais quelle est-elle? Quand peut-elle nous être de quelque secours?

Le poème suivant de Charles C. Finn décrit plusieurs de nos luttes contre le faux Moi.

Je t'en prie, entends ce que je ne dis pas!

Ne te laisse pas duper par moi.
Ne te laisse pas duper par les masques que je porte.
Parce que je porte des masques, mille masques,
Que je crains d'enlever,
Et aucun de ceux-ci ne dit qui je suis.
Le faux-semblant est une seconde nature chez moi,
Mais ne te laisse pas duper.
Pour l'amour de Dieu, ne te laisse pas duper.
Je donne l'impression d'être sûr de moi,
Que tout va bien, tant au-dedans qu'au-dehors de moi,
Que la confiance et le calme sont mes apanages,
Que la mer est belle et que je maîtrise la situation,
Que je n'ai besoin de personne.
Mais surtout ne me crois pas.
Les apparences sont avantageuses,
Mais elles ne sont qu'un masque,
Toujours variantes, toujours dissimulatrices.
Sous elles, nul contentement de soi.
Sous elles, confusion, peur et solitude.
Mais je cache cela. Personne ne doit savoir.

J'ai peur à la seule idée
Que mes faiblesses et mes craintes puissent être révélées.
Voilà pourquoi je compose des masques
Derrière lesquels me cacher,
Une apparence sophistiquée, nonchalante,
Qui m'aide à faire semblant,
Qui me protège du regard connaisseur.
Mais un tel regard est précisément salvateur,
Mon seul espoir et je le sais.
Mais seulement si l'acceptation le suit,
Si l'amour le suit.
C'est la seule chose qui puisse me libérer de moi-même,
Des murs de la prison que j'ai construite,
Des obstacles que j'ai douloureusement mis sur ma route.

C'est la seule chose qui peut m'assurer
De ce que je ne puis m'assurer moi-même,
Que j'ai une valeur réelle.
Mais je ne t'en dis rien. Je n'ose pas. J'en ai peur.
Je crains que ton regard
Ne soit pas suivi d'une acceptation,
Ne soit pas suivi d'amour.
Je crains que tu ne te fasses
Une mauvaise opinion de moi, que tu te moques
Et que ton rire ne me tue.
Je crains profondément de n'être rien,
De n'être qu'un vaurien,
Que tu t'en rendras compte et me rejetteras.

Alors je joue désespérément à faire semblant,
En prenant une assurance de façade que je n'ai point
Et un enfant terrifié à l'intérieur.
Ainsi commence un défilé de masques colorés mais vides,
Et ma vie devient une vitrine.
Je bavarde avec toi d'une voix suave,
Tiens des propos superficiels.
Je te dis tout ce qui ne veut rien dire,
Et rien de ce qui veut tout dire,
De ce qui pleure en moi.
Alors lorsque je reprends ma routine,
Ne te laisse pas duper par mes paroles.
Veuille écouter et entendre ce que je ne dis pas,
Ce que je voudrais pouvoir dire,
Ce que pour survivre j'ai besoin de dire,
Mais ce dont je suis incapable.

Je n'aime pas me cacher.
Je n'aime pas jouer à des jeux superficiels.
Je veux cesser de les jouer.
Je veux être sincère et spontané et moi-même,
Mais tu dois m'aider.

Tu dois me tendre la main,
Même si je ne semble pas le désirer.
Toi seul peux soulever le voile de l'illusion
Couvrant les yeux du mort vivant.
Toi seul peux me ramener à la vie.
Chaque fois que tu es doux, gentil, encourageant,
Chaque fois que tu tentes de me comprendre vraiment,
Des ailes poussent à mon cœur,
De très petites ailes,
Des ailes très faibles,
Mais des ailes tout de même!
La puissance qui est tienne
De me faire ressentir mes émotions véritables
Me redonne un souffle de vie.
Je veux que tu le saches.

Je veux que tu saches à quel point tu m'importes,
À quel point tu contribues à créer
L'être que je suis
Si tu choisis de le faire.
Toi seul peux ébranler le mur derrière lequel je tremble,
Toi seul peux retirer mon masque,
Toi seul peux m'éloigner du monde des ombres
Et de l'incertitude, de ma prison de solitude,
Si tu choisis de le faire.
Je t'en prie, choisis en ce sens, ne me laisse pas tomber!
Pour toi, ce ne sera pas chose facile.

Une longue conviction de mon inutilité
Érige des murs solides.
Plus tu approcheras de moi
Plus je pourrai te rejeter.
Cela est irrationnel mais,
Quoiqu'en disent les ouvrages sur l'Homme,
Souvent je suis irrationnel.
Je combats la seule chose à laquelle je tiens vraiment.

Mais on dit que l'amour est plus fort
Que les plus solides murailles,
Et en cela je fonde mon espoir.
Je t'en prie, tente de faire tomber ces murs
D'un geste ferme,
Mais d'une main douce
Parce que fragile est l'enfant.

Qui suis-je?, te demandes-tu.
Je suis quelqu'un que tu connais très bien.
Car je suis chaque homme que tu rencontres,
Je suis chaque femme que tu croises sur ta route*.

---

* Traduction libre.

Chapitre 4

Réprimer
l'Enfant intérieur

C omment s'y prennent nos parents, les personnes
et les institutions faisant figure d'autorité – comme
les systèmes d'éducation, les organisations religieuses, les
politiques, les médias et même les professionnels de
l'assistance – pour réprimer l'Enfant intérieur que chacun
abrite? En vertu de quels facteurs ou de quelles conditions
les parents répriment-ils l'Enfant intérieur qui veille en
chacun de leurs enfants?

CERTAINS BESOINS DE L'ÊTRE HUMAIN

Sous des conditions idéales, il nous faut combler
certains besoins afin que l'Enfant intérieur puisse se
développer et croître. J'ai compilé, à partir d'auteurs tels
que Maslow (1962), Weil (1973), Miller (1983, 1984) et
Glasser (1985), une liste hiérarchique de vingt facteurs ou
états qui constituent, à mon avis, les besoins de l'être
humain (*cf.* tableau 2). Ils sont presque tous liés à notre
relation envers nous-mêmes et les gens formant notre
entourage.

Tous ces besoins doivent apparemment être comblés pour que nous puissions atteindre notre potentiel. Celui qui grandit dans un environnement exempt de tels besoins vieillit sans se rendre compte qu'ils n'ont pas été satisfaits. Souvent il se sent confus et sans cesse malheureux.

La survie, la protection et la sécurité

L'enfant nouveau-né nécessite tant d'attention que quelqu'un doit veiller à satisfaire la majorité de ses besoins et ce, afin d'assurer sa seule survie. Ses besoins minimaux comprennent sa protection et sa sécurité.

TABLEAU 2. Une hiérarchie des besoins humains (Compilation partielle de Maslow, 1962; Miller, 1981; Weil, 1973; Glasser, 1985)

---

1. Survie
2. Protection
3. Toucher, contact physique
4. Attention
5. Reflet et écho
6. Orientation
7. Écoute
8. Être vrai, sincère
9. Participation
10. Acceptation
    Autrui est conscient et admire le Moi véritable
    Liberté d'être son Moi véritable
    Tolérance de ses propres sentiments
    Validation
    Respect
    Sentiment d'appartenance et d'amour
11. Occasion de pleurer ses pertes et de croître
12. Soutien

13. Loyauté et confiance

14. Accomplissement
    Maîtrise, puissance et contrôle
    Créativité
    Avoir un sentiment d'accomplissement
    Faire sa contribution

15. Transcender l'ordinaire,
    atteindre des états de conscience modifiée

16. Sexualité

17. Agrément et plaisir

18. Liberté

19. Élever, former, nourrir

20. Amour inconditionnel (comprenant les contacts
    avec sa puissance suprême)

Le toucher

Nous savons, depuis les études de Spitz et Montague – entre autres – que le toucher compte parmi l'un des besoins humains. Les nouveau-nés privés de toucher ont du mal à s'épanouir et à croître, même s'ils sont bien nourris et protégés. L'effet du toucher est particulièrement intense lorsque le contact cutané est approprié. Des expériences tentées sur des lapins nourris de manière à provoquer l'artériosclérose ont démontré que ces derniers, s'ils sont caressés, tendent à ne pas souffrir de cette maladie (le durcissement des artères). Les autres lapins, auxquels on n'avait pas touché, avaient tendance à souffrir d'artériosclérose (Dossey, 1985).

Il semble que nous ayons besoin d'étreintes et de caresses afin de nous sentir liés et aimés. Virginia Satir a proposé que l'on reçoive entre quatre et douze étreintes par jour afin de maintenir un bon état de santé.

41

L'attention

L'on doit s'occuper d'un enfant ou d'un individu, lui donner de l'attention. La mère ou une autre figure parentale doit se trouver auprès du nourrisson ou de l'enfant, de manière à combler au moins ses besoins en matière de protection, de sécurité et de toucher.

Le reflet et l'écho

Le besoin suivant consiste à confirmer le nouveau-né, l'enfant ou l'adulte dans son rôle d'être pensant et sensible. L'enfant trouve un reflet et un écho lorsque sa mère réagit de façon non verbale par son expression faciale, sa posture, ses sons ou tout autre mouvement, de sorte que l'enfant se rende compte qu'on l'a compris.

Dès lors, nous savons que si la mère ou une autre figure parentale ne peut satisfaire ces premiers besoins, la croissance physique, mentale, émotionnelle et spirituelle de l'enfant risque d'être handicapée. La mère elle-même peut souffrir de graves carences et se servir de son enfant pour combler ses propres besoins inassouvis. Voilà qui est étonnant chez les nouveau-nés : ils peuvent discerner si leurs mères sont carencées et, peu à peu, déceler leurs besoins précis afin d'y subvenir! Cela ne va pas sans un prix élevé à payer, soit le déni, la répression et l'arrêt de croissance prématuré de l'Enfant intérieur. Ce blocage augmente à mesure que grandit l'enfant, qu'il devient adulte, et culmine en souffrances physiques, mentales, émotionnelles et spirituelles.

L'orientation

L'orientation contribue au développement et à la croissance de l'enfant; il peut s'agir de lui donner des conseils, de lui prêter assistance, quelle qu'en soit la forme, c'est-à-dire verbale ou non verbale, de lui présenter des modèles et de lui enseigner des aptitudes sociales pertinentes et saines.

L'écoute, la participation et l'acceptation

Il importe de savoir que quelqu'un nous écoute, même s'il ne nous comprend pas toujours. On trouve un nombre croissant de formes d'écoute liées aux articles de cette liste numérotés neuf à vingt, comprenant notamment la participation avec l'enfant aux activités appropriées, l'acceptation du Moi du nouveau-né (son Enfant intérieur), de l'enfant, éventuellement de l'adulte. La mère et tout autre figure parentale sont conscientes et admirent le Moi véritable de l'autre. Elles montrent leur acceptation en respectant, en approuvant et en tolérant les sentiments du Moi véritable de l'autre. Ainsi l'Enfant intérieur a la liberté d'être authentique et peut évoluer.

Nos lecteurs peuvent maintenant se rendre compte que certains de leurs besoins n'ont pas été comblés. Pourtant, nous n'en sommes qu'à la première moitié de la liste hiérarchique des besoins humains.

L'occasion de pleurer nos pertes et de croître

Nous éprouvons le besoin de nous affliger à la suite de chacune des pertes que nous subissons, qu'elle soit réelle ou simple menace; il faut donc vivre la douleur et la souffrance qui y sont liées. Cela exige du temps. S'affliger jusqu'au bout de ses pertes permet de grandir. Les processus d'affliction et de croissance sont au cœur de cet ouvrage.

Le soutien

On entend par soutien que l'entourage, l'ami ou le gardien ne bloquera pas la quête du Moi véritable et qu'il mettra tout en œuvre pour assurer la réalisation du potentiel du Moi véritable. Le soutien exige en effet que l'on mette tout en branle pour assurer l'accomplissement maximal du Moi véritable.

La loyauté et la confiance

Afin de soutenir quelqu'un il faut que la loyauté et la confiance soient assurées de part et d'autre. On ne peut trahir le Moi véritable de quelqu'un sans que la relation n'en souffre. Afin de croître, l'Enfant intérieur doit savoir intuitivement qu'on lui fait confiance et qu'il peut également accorder sa confiance.

L'accomplissement

De manière générale, l'accomplissement implique une certaine forme de pouvoir, de contrôle, de maîtrise; la volonté et la certitude que quelqu'un peut accomplir une tâche donnée. Cela ne sous-entend pas seulement que l'on a accompli une tâche, mais également que l'on est conscient de son achèvement. Le niveau le plus élevé de l'accomplissement est peut-être le sentiment d'avoir fait une contribution, qui ajoute une signification à la tâche réalisée.

Certaines gens ayant grandi au sein de familles dysfonctionnelles éprouvent de la difficulté à terminer les tâches entreprises ou à prendre des décisions; cela s'explique du fait qu'ils n'ont aucune expérience par rapport à l'orientation et au soutien d'un être qui compte pour eux. À l'opposé, d'autres issus de familles dysfonctionnelles peuvent être des surhommes en certains domaines, par exemple l'instruction ou le travail, sans jamais connaître la réussite en d'autres sphères, telles les relations intimes.

L'agrément
et les états de conscience modifiée

La classification des états de conscience modifiée à titre de besoin fondamental chez l'être humain peut susciter la controverse, notamment parce que la croyance populaire veut qu'une telle modification résulte de la consommation d'alcool et de stupéfiants (Weil, 1973). En réalité, nous éprouvons le besoin inné, voire biologique, de modifier périodiquement les états de notre conscience, que ce soit par le biais de la rêverie, du rire, de la pratique des sports, de la concentration ou du sommeil. Une autre nécessité est étroitement associée à cette modification; il s'agit du besoin de s'amuser, d'avoir de l'agrément. Notre spontanéité et notre capacité de s'amuser sont deux besoins caractéristiques de l'Enfant intérieur.

La sexualité

On élimine souvent la sexualité de la liste des besoins de l'être humain. Je ne parle pas seulement des rapports sexuels, mais plutôt d'une gamme de potentiels variant entre le simple fait de bien se sentir, les plaisirs issus du caractère sexuel de l'être, la découverte de l'animus (l'homme) dans la psyché d'une femme et de l'anima (la femme) dans celle de l'homme.

Un grand nombre parmi ceux qui ont grandi au sein de familles troublées éprouvent de la difficulté par rapport à leur identité sexuelle, leur fonctionnement et leur plaisir. Certains d'entre eux ont subi de mauvais traitements, de manière ouverte ou voilée.

La liberté

Au nombre des besoins inhérents de l'être humain, on compte la liberté de risquer, d'explorer, d'être spontané.

Toutefois, cette liberté est bien sûr doublée de responsabilités. Par exemple, la spontanéité est en général saine alors que l'impulsivité peut nous être défavorable.

Élever, former et nourrir

Ces trois actes forment l'avant-dernier élément dans l'ordre des besoins humains; il convient toujours de satisfaire à ces besoins chez tous ceux que l'on côtoie. Cependant, l'acteur de la situation doit être en mesure de donner à celui qui reçoit, et le récipiendaire doit pouvoir s'abandonner au premier afin de bien recevoir. À la suite des observations que j'ai faites auprès de mes patients et de leurs familles, je puis affirmer qu'une telle réciprocité est plutôt inhabituelle.

L'amour inconditionnel

L'amour inconditionnel constitue le dernier de nos besoins. Plusieurs éprouvent de la difficulté à saisir ce concept, dont il sera question au chapitre 15.

LE PARENT INSATISFAIT

Rarement rencontre-t-on une mère, une figure parentale ou un ami intime qui soit en mesure de contribuer à la pleine satisfaction de tous nos besoins, et moins encore de les combler. On ne connaît généralement pas quelqu'un qui puisse y parvenir. (En réalité, une femme devient parfois enceinte et mène l'enfant à terme pour satisfaire avant tout ses propres besoins.) Ainsi, au cours du rétablissement intérieur, on s'afflige de ses besoins insatisfaits durant l'enfance et même à l'âge adulte. Il est également sain de s'affliger de ce qui fut notre lot sans que l'on ait cherché à l'obtenir, par exemple les sévices et les agressions sexuelles. Il sera question du processus de l'affliction aux chapitres 11 et 12.

Nombre de mères et de figures parentales sont très démunies aux plans affectif et mental, probablement parce que leurs propres besoins sont demeurés insatisfaits durant l'enfance ou à l'âge adulte. Leurs besoins sont alors si criants qu'elles manipulent leur entourage de malsaine façon afin d'y pourvoir. Quiconque se trouve dans leurs parages, leurs familiers, et cela va pour les nouveau-nés et les enfants, sera inconsciemment manipulé à cette fin (Miller, 1983). Afin de survivre, l'enfant qui ne peut développer un Moi véritable solide doit compenser en s'inventant un faux Moi, un Moi co-dépendant.

Il peut sembler invraisemblable qu'une mère se serve de son nourrisson pour combler ses besoins. Cela survient pourtant sans cesse dans la plupart des familles dysfonctionnelles. Le chapitre 5 traitera des troubles des parents de l'enfant et de sa famille, qui facilitent la propagation de la confusion, de la régression et de la mauvaise orientation qu'on lui donne.

Chapitre 5

Les troubles parentaux qui contribuent à réprimer l'Enfant intérieur

C omment la mère, une autre figure parentale ou, plus tard au cours de la vie, un proche peut-il nous aider à combler plusieurs de nos besoins? Pour ce faire, il faut que ses propres besoins aient été satisfaits durant l'enfance ou qu'à l'âge adulte il ait entrepris le rétablissement de son Enfant intérieur et, de ce fait, comblé ses besoins.

Toutefois, certaines choses peuvent entraver la satisfaction de nos besoins. Plus la famille ou les parents sont dans un état de privation grave ou avancé, moins les besoins de l'enfant sont comblés. Les troubles parentaux sont énumérés au tableau 3. Le terme «parental» ne désigne pas seulement les parents, mais aussi les frères et sœurs, et quiconque évolue dans l'entourage d'un enfant ou d'un adulte et qui exerce sur lui une certaine influence.

L'ALCOOLISME ET AUTRES DÉPENDANCES AUX SUBSTANCES CHIMIQUES

On peut définir l'alcoolisme et tout autre dépendance aux substances chimiques comme un trouble répétitif, un problème ou une difficulté lié à la consommation d'alcool ou de stupéfiants. Ce trouble peut ternir l'une ou l'autre des sphères de l'existence, notamment les relations personnelles, l'éducation, la loi, les finances, la santé, la spiritualité et la profession.

TABLEAU 3. Troubles parentaux liés aux dynamiques des adultes-enfants issus d'alcooliques et d'autres familles dysfonctionnelles

---

L'alcoolisme

Autre dépendance aux substances chimiques

Co-dépendance

Maladie mentale chronique et dysfonction physique

Rigidité extrême, punitions, jugement, manque d'amour, perfectionnisme, inadaptation

Mauvais traitement (plans physique, sexuel, mental, émotionnel, spirituel) infligé à l'enfant

Autres états, par exemple ceux liés au stress post-traumatique

---

Nous savons que les enfants d'alcooliques tendent à n'être pas conscients de l'alcoolisme ou de la toxicomanie qui perturbe leurs familles. Black (1984) estime que près de la moitié des adultes-enfants issus d'alcooliques nient que leurs parents aient souffert de ce problème. Près de 90 pour cent des enfants d'alcooliques qui deviennent eux-mêmes alcooliques ou toxicomanes ne parviennent pas à identifier l'alcoolisme de leurs antécédents familiaux. Une telle incapacité d'identifier l'origine des problèmes familiaux résulte en une acceptation destructrice et vaine, ainsi qu'en une culpabilisation excessive chez les membres de la famille.

Toute personne qui s'interroge quant à la consommation d'alcool ou de stupéfiants que fait l'un des membres de sa famille aurait avantage à répondre au questionnaire suivant. (Si vous ne vivez plus avec cette personne, si elle est décédée, répondez aux questions comme si vous viviez encore ensemble. Si celle-ci est toxicomane, remplacez les termes relatifs à l'alcool par ceux qui conviennent.)

QUESTIONNAIRE SUR L'ALCOOL ET LA FAMILLE

	Oui	Non
1. Quelqu'un dans votre famille change-t-il de personnalité lorsqu'il boit excessivement?	____	____
2. Estimez-vous que boire a, à ses yeux, plus d'importance que vous n'en avez?	____	____
3. Ressentez-vous de la culpabilité et de la pitié face aux répercussions qu'a, selon vous, l'alcool sur votre famille?	____	____
4. La consommation excessive d'alcool de l'un des membres de votre famille a-t-elle déjà porté ombrage à un événement spécial?	____	____
5. Vous arrive-t-il de trouver des prétextes pour excuser les impairs causés par quelqu'un qui boit excessivement?	____	____
6. Vous êtes-vous déjà senti coupable ou responsable du comportement du membre de votre famille qui boit trop?	____	____
7. La consommation d'alcool que fait l'un des membres de votre famille cause-t-elle des querelles et des échauffourées?	____	____
8. Avez-vous déjà tenté de combattre le buveur en buvant vous aussi?	____	____
9. La consommation d'alcool de certains membres de votre famille vous rend-elle dépressif ou colérique?	____	____

10. Votre famille éprouve-t-elle des difficultés
financières à cause de l'alcool?   ____ ____

11. Avez-vous déjà pensé que votre vie familiale
était malheureuse à cause de l'alcoolisme
de l'un des membres de la famille?   ____ ____

12. Avez-vous déjà tenté de contrôler
le comportement du buveur
en cachant les clés de sa voiture,
en vidant les bouteilles dans l'évier, etc.?   ____ ____

13. Estimez-vous que le problème
d'alcool de cette personne
vous détourne de vos responsabilités?   ____ ____

14. Vous inquiétez-vous de ce qu'un membre
de votre famille boive?   ____ ____

15. Les jours de congé sont-ils un cauchemar
plutôt qu'une occasion de réjouissance
en raison du comportement d'un membre
de votre famille qui boit trop?   ____ ____

16. La plupart des amis de ce membre de votre
famille sont-ils des buveurs invétérés?   ____ ____

17. Est-il nécessaire de mentir aux employeurs,
parents ou amis afin de leur cacher
que cette personne boit?   ____ ____

18. Réagissez-vous différemment envers
ce membre de la famille après qu'il ait bu?   ____ ____

19. Les actes du buveur
vous ont-il déjà mis dans l'embarras?
Vous a-t-il déjà fallu les excuser?   ____ ____

20. La consommation d'alcool que fait
l'un des membres de votre famille
vous fait-elle craindre pour votre sécurité
ou celle des autres membres de la famille?   ____ ____

21. Avez-vous déjà pensé
que l'un des membres de votre famille
avait un problème lié à l'alcool?   ____ ____

22. Avez-vous déjà fait de l'insomnie à cause
d'un membre de votre famille qui buvait trop?   ____ ____

23. Avez-vous déjà encouragé un membre
de votre famille à cesser ou à diminuer
sa consommation d'alcool? _____ _____

24. Avez-vous déjà menacé de quitter la maison
ou de rompre avec un membre de votre famille
à cause de sa consommation d'alcool? _____ _____

25. Un membre de votre famille vous a-t-il
déjà fait des promesses qu'il n'a pas tenues
à cause de sa consommation d'alcool? _____ _____

26. Avez-vous déjà souhaité vous confier à quelqu'un
qui vous comprendrait et qui pourrait venir en
aide au membre de votre famille qui boit trop? _____ _____

27. Vous êtes-vous déjà senti malade,
avez-vous déjà pleuré ou ressenti un nœud
à l'estomac à cause du problème d'alcool
d'un membre de votre famille? _____ _____

28. Un membre de votre famille a-t-il déjà oublié
ce qui s'est produit à la suite
d'une consommation excessive d'alcool? _____ _____

29. Un membre de votre famille évite-t-il
les rencontres sociales au cours desquelles
on ne sert pas de boissons alcoolisées? _____ _____

30. Un membre de votre famille connaît-il des
périodes de regret après avoir bu et présente-t-il
ses excuses pour son comportement? _____ _____

31. Écrivez tout symptôme ou trouble nerveux
que vous avez éprouvé depuis
que vous connaissez ce buveur invétéré. _____ _____

Si vous avez répondu dans l'affirmative à deux des questions ci-haut énumérées, il y a une forte probabilité que l'un des membres de votre famille ait des problèmes liés à l'alcool.

Si vous avez répondu dans l'affirmative à quatre questions ou plus, cela indique clairement qu'un membre de votre famille a un problème d'alcool.

(Ces questions ont été modifiées ou adaptées à partir du test de dépistage des Enfants d'alcooliques [Jones, Pilat, 1983], du *Howard Family Questionnaire*, et du *Family Alcohol Quiz* d'Al-Anon.)

LA CO-DÉPENDANCE

La co-dépendance (ou co-alcoolisme, ainsi qu'on le désignait dans les années 1970) constitue le prochain état; ce terme est beaucoup plus complet aujourd'hui, à preuve les cinq définitions que l'on en donne au tableau 4.

La co-dépendance est un état qui réprime le Moi véritable ou l'Enfant intérieur. Elle résulte de tous les troubles parentaux listés au tableau 3, de même qu'elle y contribue.

On peut définir la co-dépendance comme étant une souffrance ou une dysfonction liée ou résultant d'une concentration sur les besoins et comportements d'autrui. Les êtres co-dépendants deviennent tellement préoccupés par les besoins de leurs proches qu'ils négligent leur Moi véritable. Ainsi que le souligne Mme Schaef dans son livre intitulé : *Co-Dependence* (1986), cela mène progressivement vers un état d'inexistence.

Endémique auprès de la race humaine, la co-dépendance peut calquer, aggraver ou se lier à différents troubles. Elle surgit de ce que l'on confie à son ego et à autrui la responsabilité de son bonheur et de sa vie.

TABLEAU 4. Quelques définitions de la co-dépendance

1) [...] un schème de comportement acquis, de croyances et de sentiments exagérément dépendants qui rendent l'existence pénible. Il s'agit d'une dépendance envers les gens et les choses extérieurs au Moi, à laquelle s'ajoute la négligence du Moi au point de n'avoir qu'une piètre image de soi-même. (SMALLEY, S., cité chez Wegscheider-Cruse, 1985)

2) [...] préoccupation et dépendance extrêmes (émotionnelle, sociale, parfois physique) envers quelqu'un ou quelque chose. Éventuellement, cette dépendance envers quelqu'un devient un état pathologique qui affecte le co-dépendant dans toutes ses relations. Cela peut inclure quiconque : (a) est amoureux ou marié à un alcoolique; (b) a un parent alcoolique ou plus (même les grands-parents); (c) a grandi au sein d'une famille répressive au plan affectif... C'est une maladie primaire, que l'on retrouve chez tous les membres d'une famille d'alcoolique. (WEGSCHEIDER-CRUSE, 1985)

3) [...] comportement problématique, inadapté ou malsain issu de la cohabitation, de la collaboration professionnelle ou de la simple proximité d'un être alcoolique (ou dépendant d'une substance chimique ou d'une incapacité chronique). Elle touche non seulement les individus, mais aussi les familles, les communautés, les entreprises et autres institutions, voire même des sociétés entières. (WHITFIELD, 1984, 1986)

4) [...] un schème comportemental émotionnel, psychologique et d'adaptation qui se développe à la suite d'une exposition prolongée ou de la pratique de règles oppressives pour le Moi, soit des règles qui entravent la libre expression de ses sentiments, de même que la franche discussion des problèmes personnels et interpersonnels. (SUBBY, 1984)

5) [...] une maladie prenant maintes formes qui évolue à partir d'un autre processus maladif (que j'appelle processus d'accoutumance)... Ce dernier est un processus maladif malsain et anormal dont les prémisses, les croyances, les comportements et l'absence de toute conscience spirituelle entraînent un processus progressif menant à l'inexistence... (SCHAEF, 1986)

Le développement de la co-dépendance

L'origine de la co-dépendance remonte à la répression de nos observations, nos sentiments et nos réactions. Cette répression vient souvent des autres, même de nos parents, puis nous-mêmes commençons à dénier nos messages intérieurs pourtant extrêmement importants.

Aux premiers stades de ce processus, nous dénions d'abord un secret familial ou autre. Étant donné que toutes nos pensées sont axées sur les besoins de l'entourage, nous négligeons peu à peu nos propres besoins et, ce faisant, nous réprimons l'Enfant intérieur.

Nous éprouvons quand même des sentiments, qui sont souvent douloureux. Étant donné que nous continuons à réprimer nos sentiments, nous devenons extrêmement tolérants à la douleur émotionnelle. Nous nous engourdissons parfois. À la suite de cette répression émotive, nous devenons incapables de pleurer jusqu'au bout nos pertes quotidiennes.

Cet enchaînement freine la croissance et le développement aux plans mental, affectif et spirituel. Nous éprouvons toutefois quand même le besoin de connaître notre Moi véritable et de nous brancher sur sa puissance. Nous découvrons alors que les comportements compulsifs nous mettent vite en présence de ce Moi véritable, pour un court laps de temps, qui libère quelque peu la tension. Cependant, si ce comportement compulsif est destructeur pour soi-même ou pour autrui, on peut alors se sentir honteux, ce qui entraîne une perte d'estime de soi. Alors on se sent de moins en moins en contrôle, impression que l'on contre en tentant de contrôler de plus en plus. On devient ainsi victime d'illusions, blessé, et l'on projette sa douleur sur l'entourage.

La tension s'est alors accumulée à tel point qu'apparaît une maladie apparentée au stress, qui se manifeste par des douleurs et souvent par le dysfonctionnement d'un ou de plusieurs organes. On se trouve alors dans un état de co-dépendance avancée, qui peut progressivement se détériorer jusqu'à ce que surviennent des sautes d'humeur extrêmes, la difficulté de nouer des relations intimes et le malheur chronique. Chez ceux qui tentent de se rétablir de l'alcoolisme, d'une accoutumance aux substances chimiques ou d'un autre trouble, cette co-dépendance avancée risque de gêner sérieusement le processus de rétablissement.

L'évolution de la co-dépendance

On peut résumer ainsi le processus de co-dépendance :

1. Invalidation et refoulement des messages provenant de l'intérieur, p. ex. les observations, sentiments et réactions.
2. Négligence de ses propres besoins.
3. Début de la répression de l'Enfant intérieur.
4. Dénégation d'un secret familial ou autre.
5. Tolérance grandissante envers une douleur émotive, jusqu'à l'insensibilité.
6. Incapacité de s'affliger d'une perte.
7. Blocage de la croissance mentale, affective et spirituelle.
8. Comportements compulsifs visant à amoindrir la douleur et à se trouver en présence de l'Enfant intérieur.
9. Honte progressive et perte de l'estime de soi.
10. Perte du contrôle, nécessité de contrôler davantage.
11. Illusions et projection de la douleur.
12. Apparition de maladies apparentées au stress.
13. Aggravement des compulsions.
14. Détérioration progressive :
    - sautes d'humeur;
    - difficulté de nouer des relations intimes;
    - malheur chronique;
    - interférence nuisant à la rémission de l'alcoolisme et d'autres troubles.

Que l'on soit un nouveau-né ou un enfant grandissant auprès d'une personne co-dépendante, que l'on soit un adulte évoluant à proximité d'un tel être, il est très probable que l'on s'en trouve affecté. Le Moi véritable sera réprimé par le biais du processus dont traite la première partie de cet ouvrage.

Les subtilités de la co-dépendance

La co-dépendance est la cause la plus répandue de confusion et de souffrance à travers le monde. Elle peut acquérir beaucoup de subtilité dans ses manifestations, donc devenir difficile à déceler. Voici le témoignage de Karen, 45 ans, dont les parents étaient co-dépendants, qui le devint elle aussi sous leur influence :

«Lorsque j'ai entendu parler des caractéristiques des adultes-enfants issus d'alcooliques, je me suis reconnue. J'ai donc cherché qui, dans mes antécédents familiaux, était alcoolique, sans trouver personne. Il m'a fallu creuser plus à fond car mes parents avaient tous deux plusieurs caractéristiques de la co-dépendance. Mon père était un bourreau de travail, qui était prospère. Mais il consacrait son temps et son énergie à tout, sauf à sa famille. Il était maire de la municipalité et moi, je me culpabilisais lorsque je lui demandais de l'attention. Il fut un père absent, qui ne m'apporta aucun soutien durant l'adolescence. Ma mère était une outre-mangeuse, quoiqu'à l'époque je l'ignorais. Elle n'était pas la mère dont j'avais besoin. Ils m'ont élévée avec l'esprit de sacrifice doublé de flagornerie.

«J'ai épousé deux alcooliques et, peu à peu, ma vie est devenue tellement axée sur eux que j'en ai négligé mes propres besoins, jusqu'à croire que je perdais la raison. J'étais incapable de refuser quelque chose à qui que ce fut. Puisque tout allait mal, j'ai cherché à rectifier la situation de la seule manière que je connaissais, soit travailler encore plus fort. Je suis retournée à l'université, j'ai pris de plus grandes responsabilités, je suis devenue une hyperactive compulsive. Évidemment, je négligeais davantage mes besoins. J'étais dépressive, et le devint progressivement de plus en plus, jusqu'à me gaver de somnifères. C'est alors que j'ai atteint le fond.

«En proie au désespoir, j'ai communiqué avec les A.A. où on me dirigea vers le mouvement Al-Anon. J'ai assisté quotidiennement aux rencontres et j'ai adoré ça. Voilà maintenant six ans que j'assiste à au moins une rencontre par semaine. J'ai aussi suivi une thérapie individuelle pendant deux années et demie. Tout cela m'a beaucoup aidée. Après coup, je me rends compte que mon programme de rétablissement m'a beaucoup aidée, non seulement sur les plans mental et émotif, mais aussi spirituel. J'ai découvert que ma mère était mon plus important problème, envers qui j'avais développé une grande dépendance par rapport à ce que je devais ressentir et à la manière dont je devais vivre ma vie. J'étais malade au point de ne pouvoir vivre et ressentir par moi-même. Il me fallait regarder les autres pour voir ce que c'était que d'être vivant. J'en voulais à ma mère de cette situation, et à mon père qui l'avait encouragée et qui n'avait pas été là lorsque j'avais eu besoin de lui. J'ai épousé deux hommes qui, inconsciemment, m'ont encouragée à reproduire les mêmes comportements. Je suis tellement heureuse d'être guérie!»

Le témoignage de Karen présente quelques-unes des manifestations subtiles de la co-dépendance.

La maladie mentale chronique ou la maladie physique créant un handicap

Une maladie mentale chronique peut être subtile et bénigne, aussi bien qu'évidente et invalidante. Il peut s'agir de l'une des maladies chroniques mentales et émotives listées et décrites dans le *DSM-III*, le manuel diagnostique et statistique de l'association des psychiatres américains.

Voici le témoignage de Barbara, 56 ans, mariée et mère de quatre enfants, menant une carrière professionnelle :

«Il y a quatre ans, j'ai finalement cherché de l'aide. J'étais dépressive depuis ma plus tendre enfance. En thérapie, j'ai appris que ma mère avait été chroniquement dépressive presque toute sa vie. Je me souviens d'un rendez-vous qu'elle m'avait fixé – j'étais alors dans la vingtaine – avec un homme avec qui elle avait une liaison, tout en étant mariée et en cohabitant avec mon père. Je me sentais vraiment moche d'accepter. Mon père était froid et distant, tant envers moi qu'envers ma mère. Plus tard, lorsque ma mère fut hospitalisée à la suite d'une surdose de somnifères, j'ai appris que mon père avait été impotent pendant presque toute la durée de leur mariage. Il s'agissait, bien entendu, d'un secret de famille. D'aussi loin que je me souvienne, je considérais que la froideur de mon père et la dépression chronique de ma mère étaient ma faute; je me sentais très honteuse et coupable à ce sujet. Enfant, j'ai survécu en me montrant obéissante, en étant une élève studieuse et en m'intéressant uniquement à ma mère.

«J'ai pris le rôle de sa gardienne. Durant l'adolescence, j'ai lu tout ce que j'ai trouvé sur la psychologie dans le but de guérir mon père et ma mère. La psychothérapie, particulièrement en traçant le reflet de moi-même, m'a appris que je m'étais fusionnée à ma mère à tel point qu'en me levant le matin j'attendais de voir comment elle se portait pour décider de la manière dont je devais me porter. J'ai également appris que la distance et la froideur de mon père n'avaient aucun rapport avec ma conduite ou mes résultats scolaires, mais plutôt qu'elles ne concernaient que lui seul. J'ai appris que je n'avais plus à tenir le rôle de la victime. Depuis je me sens nettement mieux et ma vie va en s'améliorant. Je continue à travailler dans le but de me libérer de mes vieux problèmes.»

En cherchant de l'aide, Barbara en vint à reconnaître le mal qui avait été fait à son Moi véritable par sa famille troublée; elle est maintenant en voie de rétablissement.

Rigidité extrême, punitions, jugements, manque d'amour, perfectionnisme ou inaptitude

Même si le Moi véritable d'un grand nombre a été substantiellement réprimé, la nature exacte des troubles perturbant leurs familles respectives ne peut être révélée avec exactitude. Par exemple, on peut facilement s'apercevoir qu'un membre de sa famille est alcoolique en raison de l'évidence même. Il est cependant plus difficile de reconnaître un trouble bien dissimulé. J'ai observé et traité des centaines d'aultes-enfants d'alcooliques, de personnes intoxiquées à des substances chimiques et des êtres co-dépendants durant leur long rétablissement. J'ai également rencontré de nombreux patients qui correspondaient à la définition d'«enfants d'alcooliques» – tant selon mon diagnostic que selon leurs propres observations –, qui n'étaient pourtant pas issus d'une personne alcoolique, intoxiquée à une substance chimique ou d'une famille co-dépendante, pas plus que d'une famille caractérisée par l'un des troubles parentaux énumérés au tableau 3.

Cathy, 32 ans, avait grandi dans une famille troublée. Sa famille ne comptait pas d'alcoolique, pourtant elle joignit un groupe de thérapie pour adultes-enfants issus d'alcooliques, au sein duquel sa croissance personnelle fut favorisée. Elle n'est pas la seule, car un nombre grandissant d'adultes-enfants issus de familles troublées, dysfonctionnelles ou traumatisées découvrent maintes similitudes entre leurs existences passées et celles des adultes-enfants issus d' alcooliques. À la mi-temps de son rétablissement intérieur, Cathy a écrit ce qui suit :

«Mes parents se préoccupaient sans cesse de ce que penserait le voisin. En société, nous projetions l'image de la famille idéale; chacun se montrait attentionné à l'égard de l'autre. En privé cependant, mon père devenait complètement absent sur les plans physique, verbal et émotif, et maman criait pour réclamer son attention. Fini le charme et le sourire!

«J'avais toujours le sentiment de me préparer à un événement ou à quelque chose... il y avait toujours de la besogne à abattre. Je me sentais plus heureuse lorsqu'il y avait plusieurs tâches ménagères à accomplir, car alors j'avais un rôle. Très tôt j'ai appris à réprimer mes tensions en anticipant ce qui me restait à accomplir afin de rendre la vie plus facile à ma mère. Sciemment, je m'appliquais à n'avoir besoin de rien ni de personne afin de réduire mon stress.

«Papa était soit absent soit endormi. Il aurait tout aussi bien pu habiter ailleurs. Je ne me rappelle aucune interaction avec lui, sauf à distance; je le craignais, bien qu'il n'ait jamais été brutal verbalement ou physiquement. J'ai développé face à mon père un sentiment de neutralité, alors que mes sentiments pour ma mère étaient très forts; je m'occupais d'elle en veillant à ne lui causer aucun souci, en anticipant la manière dont elle voulait que je me comporte. Cela m'a conduit à un fort sentiment de haine vis-à-vis d'elle en raison du fossé qu'elle avait creusé entre mon père et moi. Une grande partie de ma vie d'adulte fut marquée par une hésitation entre lui plaire et me rebeller contre les souhaits qu'elle formulait à mon égard. La cinquième de six enfants, je me souviens très bien que mon père oubliait parfois qui j'étais. C'était un bourreau de travail. Maman était compulsive par rapport aux choses domestiques. Je tente à présent de déchiffrer mes sentiments face à mon père. Je vivais dans le calme en espérant que personne ne me remarque, tout en ayant une forte envie d'attirer l'attention. J'étais toujours trop grosse, je voulais perdre du poids et je cherchais à me cacher à cause de mon apparence.

«J'ai poursuivi cette vie calme durant les années de l'école secondaire, je me sentais en sûreté tant que j'étais à la maison. Je ne voulais d'ailleurs pas m'en éloigner. J'étais différente de mes frères et sœurs qui pratiquaient des sports, l'art dramatique, l'art oratoire... Ce mode de comportement s'est poursuivi durant mes années à l'université. Je ne disposais pas d'un appartement sur le campus de l'université dans lequel j'aurais été en sûreté, alors mon obésité est devenue un véritable problème. Je n'avais aucun fil conducteur pour diriger ma vie, j'ai fréquenté trois collèges pour finalement obtenir un diplôme qui demande seulement deux années d'études.

«Ma vie d'adulte fut une question de survie. Je ne pouvais pas nouer et conserver une relation. Je rompais avec chaque homme que je fréquentais. Je déménageais car je ne m'entendais pas avec mes colocataires. Je quittais mon emploi car j'avais des problèmes de personnalité avec mes supérieurs. Sur le plan inconscient, je me tenais éloignée de ma famille. Je suis devenue boulimique pour contrôler mon poids. Je fréquentais des hommes dont je savais que ma mère désapprouverait le choix. J'ai commencé à fumer et à boire pour manifester mon indépendance.

«J'étais chroniquement déprimée, isolée et je mangeais ou m'astreignais à des régimes amaigrissants de manière compulsive. Je voulais que l'on pense de moi que je savais mener ma vie, que je n'avais besoin de rien ni de personne, mais au-dedans j'étais si nécessiteuse que je m'attendais à ce que mes rares amis puissent suppléer à tous mes besoins.

«J'ai joint les Outre-mangeurs Anonymes il y a trois années et demie, atterrée par mes cycles de gloutonnerie et de purge successifs; je fais abstinence depuis maintenant un an. J'ai commencé à fréquenter un groupe de thérapie de l'*ACoA*, car je sens que j'appartiens à ce groupe autant qu'à celui des outre-mangeurs. Les membres du groupe me ressemblent, et vice versa. Mais vite je me suis rendu compte que le rétablissement intérieur serait trop pénible. J'ai entrepris la thérapie collective de l'*ACoA* il y a plus d'un an et demi, et j'assiste aux rencontres chaque semaine.

«Pendant six mois je n'ai pu ressentir aucune émotion, encore moins en identifier. Mais j'étais en présence d'autres personnes qui parlaient de leurs sentiments par rapport à leur vécu, qui les identifiaient et qui remettaient en scène les incidents passés qu'il leur était auparavant trop pénible de rappeler à leur mémoire.

«J'ai soudain voulu accepter le risque de me faire connaître de ces gens. Cette acceptation était largement motivée par mon désir d'abstinence alimentaire. Peu à peu je me suis représenté le groupe comme une famille au sein de laquelle je pouvais évoluer en sûreté et aller puiser ce que je n'avais pas reçu dans ma propre famille. Mes réactions devenaient honnêtes, même si je craignais ne pas mériter le temps précieux et l'attention que me consacrait le groupe. J'ai lentement retrouvé quelque estime de moi-même à la suite des interactions réelles et honnêtes qui me parvenaient tant dans le groupe qu'au dehors. J'étais prête à reconnaître mes sentiments, qu'il fallait les confier, les identifier afin de pouvoir me rétablir. J'ai abandonné les schèmes de comportement destructeurs qui teintaient mes relations et la vision que je me faisais de moi-même. Je trouvais enfin quelque valeur au simple fait d'être. Je confiais au groupe mes impressions nées du fait de vivre au sein d'une famille auprès de laquelle on se sent invisible. Dire la vérité telle que je la percevais a été un acte très libérateur. Faire preuve d'honnêteté envers moi-même a été le pivot central de mon rétablissement, bien que cela fût extrêmement ardu car j'avais entrepris cette recherche en n'ayant aucune idée du Soi. Je me suis rendu compte à quel point il me faut du temps pour savoir que je suis quelqu'un. Beaucoup de temps s'est écoulé avant que je ne puisse bâtir un Moi solide et sain, en vivant un jour à la fois, avec l'entraide de différents groupes, dont les Outre-mangeurs Anonymes.»

On retrouve dans les familles de ce genre plusieurs dynamiques communes aux familles dysfonctionnelles, notamment l'extrême rigidité des parents, un sens aigu de la punition, des jugements catégoriques, le perfectionnisme ainsi qu'une relation sans chaleur envers les enfants et les autres membres de la famille. Les parents furent incapables de répondre aux besoins de l'enfant sur les plans mental, affectif et spirituel.

Ces traits ou troubles sont souvent insidieux, subtils ou dissimulés. On peut avoir du mal à les reconnaître sans travailler sur soi-même devant des groupes d'auto-assistance, de thérapie collective, en consultant un professionnel ou en pratiquant une autre forme d'introspection, par exemple en se confiant et en écoutant des proches dignes de confiance. Vues de l'extérieur, ces familles ne semblent pas troublées ou dysfonctionnelles.

Certes, on les perçoit souvent comme des familles comblées. Ce type de famille dysfonctionnelle et troublée est maintenant offert à l'observation, à l'exploration et à la recherche.

L'ENFANT MALTRAITÉ AUX PLANS PHYSIQUE, SEXUEL, MENTAL, AFFECTIF ET SPIRITUEL

On retrouve communément des enfants maltraités dans les familles troublées. Alors que les agressions sexuelles et les mauvais traitements subis par les enfants sont bien sûr extrêmement traumatisants, d'autres types de comportements aussi abusifs coexistent, bien qu'ils soient plus subtils. Il peut s'agir de brutalité physique légère à modérée, d'agression sexuelle voilée, d'agression mentale et affective, de négligence, de négation des besoins spirituels de l'enfant. Par agression sexuelle voilée, j'entends un parent qui flirte avec l'enfant, lui raconte ses expériences sexuelles, des plaisanteries grivoises; administrer des touchers inconvenants à des enfants, des adolescents ou à de jeunes adultes, de même que favoriser toute stimulation sexuelle inutile. Ces formes d'agression se traduisent en général par un fort sentiment de culpabilité et de honte qui se perpétue à l'âge adulte. Je parlerai en détail de cruauté mentale plus avant dans cet ouvrage.

On peut abuser de son enfant sur le plan spirituel, bien qu'il soit rarement question de la chose. Par exemple, certains parents peuvent considérer que le fait d'élever son enfant dans l'athéisme ou l'idolâtrie constitue un abus sur le plan spirituel, alors que d'autres pas. Certaines religions organisées pratiquent des formes plus subtiles d'abus, notamment en propageant l'idée d'un dieu vengeur, qui suscite la culpabilité et la honte, ou en soulignant combien d'autres cultes sont inférieurs ou mauvais. On peut facilement observer cette tendance chez certaines sectes chrétiennes fondamentalistes, bien qu'elles n'en aient pas l'exclusivité, car ces caractéristiques colorent nombre d'organisations religieuses à travers le monde. Ces vues fournissent assurément le facteur qui déclenche nombre de guerres sur la planète.

D'autres troubles ou états répriment le Moi véritable. Il en sera question au chapitre 7, lorsque j'aborderai le stress post-traumatique.

Quelques caractéristiques

Ces sept troubles ou états parentaux sont souvent présents dans les familles dysfonctionnelles. La répression de l'Enfant intérieur ou «le meurtre de l'âme de l'enfant», pour reprendre l'expression dramatique de Schatzman (1973), trouve des dynamiques communes au sein d'une même famille. Il peut s'agir d'instabilité, d'imprévisibilité, d'autorité arbitraire et de confusion (Gravitz, Bowden, 1985; Seixas, Youcha, 1985). En général, l'instabilité et l'imprévisibilité annihilent la spontanéité et font perdre la raison. Alliées à une autorité arbitraire, ces dynamiques peuvent alimenter la méfiance et la peur de l'abandon, autant que la dépression chronique. Il s'ensuit un environnement chaotique, qui contrevient à l'érection de fondements sûrs, solides et fiables à partir desquels on peut apprendre à se connaître en osant risquer.

Plusieurs de ces caractéristiques se retrouvent en général au sein des familles dysfonctionnelles, mais il importe de savoir que toutes ne les présentent pas.

L'instabilité

L'insécurité règne dans plusieurs familles dys-fonctionnelles, alors que chez d'autres il n'en est rien. Cette sécurité apparente est fondée sur le déni des sentiments de plusieurs membres de la famille et sur le partage de secrets les unissant tous. Les familles troublées qui sont rigides sont souvent plus stables et plus prévisibles. Étant donné qu'elles sont excessives, ces qualités servent à contrôler la famille et les individus en leur déniant toute possibilité d'épanouissement.

L'imprévisibilité

Un grand nombre de familles troublées sont prévisiblement imprévisibles, c'est-à-dire que les individus savent que l'imprévu peut survenir à tout moment. À l'opposé, plusieurs sauront quelles prévisions faire et quand les prédire, sans pour autant être en mesure de le faire consciemment. Toutefois, ils vivent souvent dans la peur chronique, marchent sur des œufs, à l'affût de leur prochain traumatisme.

Le comportement arbitraire

J'entends par comportement arbitraire ce qui suit : les personnes troublées malmènent l'un ou l'autre de leurs proches, sans égard à qui il est ou à ses efforts. Dans une famille où les règles n'ont aucune valeur, l'enfant perd confiance en ses parents – qui dictent les règles – puis en lui-même. Il ne parvient pas à comprendre son environnement. Cependant, quoique les familles plus rigides soient moins arbitraires, elles n'en sont pas moins troublées, souffrantes et dysfonctionnelles. Souvent elles sont arbitraires par rapport à leur rigidité.

La confusion

La confusion peut se manifester ainsi : (a) les mauvais traitements physiques ou affectifs qui apprennent à l'enfant la honte, la culpabilité et l'engourdissement; (b) les agressions sexuelles qui lui enseignent les mêmes sentiments, en plus de la méfiance et de la peur de perdre le contrôle; (c) les crises répétées qui lui apprennent à envisager la vie comme une série de crises; (d) les communications prévisibles et bloquées qui lui enseignent la dénégation, la règle du mutisme et la fausseté; (e) la perte de contrôle, qui favorise l'obsession de la domination, la fusion ou l'effondrement de ses bornes personnelles, ou le principe d'individuation.

Les familles dysfonctionnelles vivent généralement dans la confusion, bien que celle-ci ne soit pas présente chez plusieurs d'entre elles. La confusion peut se manifester de subtiles manières. On peut réprimer son Enfant intérieur sans confusion explicite ou apparente. La simple menace de confusion – qu'il s'agisse d'une menace de crise, de mauvais traitement, d'une menace proférée à l'endroit d'un membre de la famille – quelle que soit sa forme, peut s'avérer aussi néfaste en raison de la peur qui s'installe, et qui bloque ainsi la créativité et le Moi véritable. Si on ne peut manifester sa créativité ou son Moi véritable, on ne peut découvrir, explorer et compléter ses expériences, donc poursuivre sa croissance personnelle. On ne peut trouver la paix intérieure.

La confusion peut sembler évidente seulement à une ou deux reprises au cours d'une année, mais son caractère imprévisible, impulsif et destructeur par rapport au Moi et à autrui suffit à compromettre pour longtemps la paix et la sérénité.

Le membre d'une famille se trouvant au centre d'une telle confusion, qu'il soit actif ou menacé, peut y voir un état habituel et, en conséquence, ne pas l'identifier en tant que tel. Ce principe vaut pour toutes les caractéristiques dont fait état ce chapitre.

Les mauvais traitements

Les mauvais traitements infligés aux enfants, quelles qu'en soient les formes, peuvent être très subtils et évidemment néfastes pour la croissance, le développement et la vitalité du Moi véritable. Le tableau 5 dresse la liste de plusieurs exemples.

LE DÉNI DES SENTIMENTS ET DE LA RÉALITÉ

Les familles troublées ont tendance à dénier leurs sentiments, en particulier les sentiments douloureux de certains de leurs membres. L'enfant, autant que les adultes, ne peut exprimer ses sentiments, surtout ceux soi-disant négatifs comme la colère. La famille permet par contre à un membre, en général l'alcoolique ou la personne troublée, d'exprimer ouvertement ses émotions douloureuses, notamment sa colère. Dans les familles où la colère est chronique et n'est pas exprimée ouvertement, elle prend d'autres formes, par exemple les mauvais traitements que l'on s'inflige ou que l'on réserve aux autres, les comportements asociaux, et diverses formes de maladies chroniques dont celles apparentées au stress. La réalité que perçoit l'enfant est déniée et un nouveau modèle, fondé sur de fausses croyances, est alors adopté par toute la famille. Cette illusion lie davantage les membres de la famille entre eux, sur le mode dysfonctionnel.

La dénégation et le système de faussetés érigées en croyances répriment et retardent la croissance de l'enfant sur les plans mental, émotif et spirituel (Brown, 1986).

TABLEAU 5. Quelques termes désignant les traumatismes mentaux, émotionnels et spirituels que peuvent connaître les enfants et les adultes

Abandon

Négligence

Mauvais traitements :

      Physiques – fessée, coups, torture, agressions sexuelles, etc.
      Mentaux – sexuels implicites (*cf.* ci-dessous)
      Émotionnels – (*cf.* ci-dessous)
      Spirituels – (*cf.* ci-dessous et le texte)

Susciter la honte	Se retirer
Susciter l'humiliation	Retenir son amour
Susciter la dégradation	Ne pas prendre au sérieux
Infliger un sentiment de culpabilité	Jeter le discrédit
Critiquer	Invalider, rendre nul
Disgracier	Duper
Tourner en dérision	Désapprouver
Se rire de...	Minimiser ses sentiments,
Étriver	désirs, besoins
Manipuler	Rompre ses promesses
Décevoir	Offrir de faux espoirs
Tricher	Répondre avec inconsistance ou de façon arbitraire
Blesser	Adresser de vagues demandes
Être cruel	Réprimer
Intimider Sermonner	Dire «Tu ne devrais pas te sentir comme cela...»
Menacer Faire peur Dominer ou brutaliser Contrôler Limiter	Dire «Si seulement tu étais différent...» ou «Tu devrais être différent» (*cf.* les messages négatifs au tableau 6)

71

On n'aime pas tellement découvrir chez soi certains des traits énumérés à la page précédente, mais cette prise de conscience peut nous sortir de la souffrance et de la confusion. On peut résumer ainsi les caractéristiques communes aux familles dysfonctionnelles, chez qui l'on rencontre toutes au moins un, sinon plusieurs, des traits suivants :

- Négligence
- Mauvais traitements
- Instabilité
- Imprévisibilité
- Comportement arbitraire
- Dénégation

- Partage au moins un secret
- Interdit les sentiments
- Interdit les autres besoins
- Rigidité (chez quelques-unes)
- Confusion (dont les tendances aux crises)
- Parfois calme et fonctionnelle

On compte parmi les caractéristiques des familles dysfonctionnelles divers types de négligence et de mauvais traitements. Lire et réfléchir à propos de ces traumatismes peut nous aider à découvrir notre Moi véritable. Entendre les autres raconter leurs témoignages est également très utile en ce sens. L'un des meilleurs moyens d'accepter les sévices que nous avons subis consiste à confier ses secrets à des gens qui nous acceptent et nous soutiennent, qui ne trahiront pas notre confiance et ne nous rejetteront pas. On se sent en sécurité auprès de telles gens; j'élaborerai sur ce sentiment dans les prochains chapitres.

Quels autres facteurs ou dynamiques inhibent l'Enfant intérieur? Dans le prochain chapitre, il sera question de piètre estime de soi, de la dynamique de la honte et des règles négatives, des affirmations ou messages négatifs.

Chapitre 6

Les dynamiques de la honte et de la piètre estime de soi

L a honte et la piètre estime de soi tiennent des rôles de premier plan dans la répression de l'Enfant intérieur. La honte est à la fois un sentiment, une émotion de même qu'une expérience que connaît le Moi dans son ensemble, c'est-à-dire le Moi véritable ou l'Enfant intérieur (Fischer, 1985; Kaufman, 1980; Kurtz, 1981).

Elles sont également des dynamiques ou des processus par lesquels nous passons, souvent sans nous en rendre compte, quoique nous en soyons parfois conscients, même si nous connaissons plusieurs facettes de notre honte.

Ceux dont l'enfance s'est déroulée dans une famille dysfonctionnelle sont presque inévitablement teintés de honte et de piètre estime de soi. Seules les manifestations de cette honte varient entre les membres d'une même famille. Chacun s'adapte à la honte d'une manière qui lui sied alors que s'établit entre tous deux similarités importantes, soit la co-dépendance et la conduite de sa vie à partir du faux Moi. Nous pouvons dès lors affirmer que la famille dysfonctionnelle est fondée sur la honte.

LA CULPABILITÉ

Souvent on confond honte et culpabilité, pourtant une différence notable existe entre les deux.

La culpabilité est le sentiment incommodant, voire douloureux, d'avoir trahi une valeur personnelle, d'avoir fait du mal à quelqu'un, d'avoir enfreint la loi ou manqué à sa parole. La culpabilité relève donc du comportement, de ce que l'on a fait ou pas.

À l'instar d'un grand nombre d'émotions, la culpabilité peut s'avérer un sentiment utile servant de guide dans nos rapports envers soi-même et autrui. Elle nous dit que notre conscience fonctionne. Ceux qui ne ressentent jamais de culpabilité ou de remords après avoir commis une faute éprouvent de la difficulté dans leur vie et sont reconnus pour avoir un comportement asocial.

On dit de la culpabilité qu'elle est saine lorsqu'elle est utile et constructive. Elle nous sert à vivre en société, à résoudre nos conflits, à surmonter les difficultés, à corriger nos erreurs et à améliorer nos relations. On parle de culpabilité malsaine lorsqu'elle fait suite à un état de sérénité, de tranquillité et de fonctionnement – notamment la croissance mentale, émotive et spirituelle. Les personnes issues d'un milieu perturbé présentent souvent un mélange de ces deux types de culpabilité. La malsaine n'est d'ordinaire pas traitée ou résolue, et persiste, entraînant parfois une incapacité psychologique ou émotionnelle. La responsabilité envers la famille domine la responsabilité envers soi-même. Il peut également y avoir une responsabilité dite de survie, par suite de laquelle on se sent coupable d'avoir abandonné les autres dans un milieu perturbé ou d'avoir survécu à une situation après que d'autres aient échoué (*cf.* chapitre 7).

On peut grandement soulager sa culpabilité dès lors qu'on la reconnaît et qu'on rémédie à la situation. Il faut d'abord vivre sa culpabilité, puis en discuter avec des proches auprès de qui on se sent en sûreté. On peut facilement s'en délester simplement en s'excusant auprès de ceux que l'on pense avoir lésés. Dans ses formes plus complexes, il faudra peut-être en discuter en profondeur, soit en groupe, soit au cours d'une thérapie individuelle.

Il est souvent plus facile de reconnaître la culpabilité que la honte.

LA HONTE

La honte est un sentiment incommodant et douloureux que nous ressentons en nous rendant compte qu'une partie de nous-même est déficiente, méchante, incomplète, rongée, fausse, inadéquate ou nulle. Contrairement à la culpabilité, alors que nous nous sentons inconfortables après avoir mal agit, nous nous sentons honteux d'être mauvais ou méchant. On peut donc se corriger de sa culpabilité, alors que la honte est sans issue.

L'Enfant intérieur ressent la honte et peut l'exprimer de manière saine aux personnes auprès de qui il se sent en confiance. Par contre, le Moi co-dépendant prétend ne pas être honteux et ne l'exprime donc jamais.

Pourtant la honte nous habite tous. La honte est notre dénominateur commun. Toutefois, si nous ne la traitons pas et que nous la laissons s'accumuler, elle aura tôt fait de nous écraser, de faire de nous ses victimes.

En plus de nous inculquer un sentiment d'inaptitude, la honte nous porte à croire que les autres peuvent voir au travers de notre masque jusqu'à nos défaillances. La honte est sans espoir, car peu importe ce que l'on fait on ne peut la corriger (Kaufman, 1980; Fischer, 1985). Honteux, on se sent isolé comme si l'on était seul à connaître ce sentiment.

Qui plus est, on peut être enclin à ne pas confier un tel sentiment car il s'agirait d'un aveu désagréable à livrer, en plus de s'entendre dire que l'on est inadéquat. Alors, non seulement ne parle-t-on pas de la honte, mais on la bloque ou on prétend qu'elle est inexistante.

On peut aussi camoufler sa honte sous d'autres sentiments, d'autres gestes, puis projeter ceux-ci sur autrui. Voici certains sentiments ou gestes qui peuvent camoufler la honte intériorisée :

– colère	– attaque	– ressentiment
– rage	– contrôle	– perfectionnisme
– blâme	– abandon	– négligence ou retrait
– mépris	– déception	– comportement compulsif

Lorsqu'on ressent ou qu'on transpose en actes l'un de ces masques, le Moi co-dépendant cherche à nous protéger contre le sentiment de honte. Toutefois, même si l'on se protège de sa propre honte, celle-ci peut être perçue par l'entourage, notamment lorsqu'on penche la tête, qu'on courbe l'échine, que le regard est fuyant ou qu'on s'excuse de ses besoins. On peut aussi avoir la nausée, avoir froid, se refermer sur soi-même, se sentir perdu, étrange (Fischer, 1985). Peu importe la manière dont on s'en défend et dont on en protège les autres, la honte ne s'envole pas, à moins d'apprendre en quoi elle consiste, de la vivre pleinement et de s'en confier à des proches.

Une thérapie collective nous a fourni un bon exemple de honte dissimulée, alors que Jim, un comptable de 35 ans, commença le récit de sa relation avec son père qui habite au loin. «Lors de chacune de nos conversations téléphoniques, il essaie de me juger. Je deviens tellement confus que je raccroche.» Jim s'est ouvert davantage et s'est intégré au groupe qui lui a demandé quels sentiments il sentait monter en lui sur le moment. Il a alors eu de la difficulté à identifier ses sentiments et ne regardait personne dans les yeux. «Je suis simplement confus, j'ai toujours voulu me montrer irréprochable en sa présence. Jamais je n'ai pu le faire à sa pleine satisfaction.» Il continua de parler et le groupe lui demanda à nouveau comment il se sentait à ce moment précis. «J'ai peur, j'ai mal et je pense que je suis un peu fâché.» À titre de chef du groupe, je lui ai demandé s'il ressentait aussi de la honte, comme s'il était inapte sur le plan humain. Il répondit : «Non! pourquoi penser cela?» Je lui ai dit que son désir de perfection, le soin qu'il mettait à ne regarder personne dans les yeux et la manière dont il parlait de sa relation avec son père portaient à croire qu'il se sentait quelque peu honteux. Une larme perla avant qu'il n'avoue avoir besoin d'y réfléchir.

DES ORIGINES DE LA HONTE

La honte semble provenir de nos réactions face aux messages négatifs, aux affirmations négatives, aux croyances et aux règles qui nous sont inculquées durant l'enfance et l'adolescence. Ces choses nous les entendons de la bouche de nos parents, des personnes représentant l'autorité parentale et d'autres autorités, tels les enseignants et les membres du clergé. Leurs messages nous disent en quelque sorte que nous sommes déficients, qu'il nous manque quelque chose, que nos sentiments, nos besoins, notre Moi véritable, tout cela n'est pas acceptable.

Sans cesse, nous entendons : «Tu devrais avoir honte!», «Mauvais garnement!», «Tu n'es bon à rien!», de la bouche de personnes de qui nous dépendons, face à qui nous sommes vulnérables, et nous les croyons. Alors nous intériorisons ces dires au plus profond de notre être (Canfield, 1985).

Comme si cela ne suffisait pas, à la blessure s'ajoutent des règles négatives qui répriment et interdisent l'expression autrement saine, apaisante et nécessaire de nos douleurs; des règles du genre : «Cache tes sentiments», «Ne pleure pas», «Un enfant sage ne réplique pas à ses parents», etc. (cf. tableau 6). Nous apprenons ainsi que, non seulement nous sommes méchants, mais qu'il est interdit d'en parler.

Ces règles négatives sont cependant mises en œuvre de façon inconsistante. Il en résulte une difficulté de faire confiance à ceux qui édictent les règles, aux autorités, et de plus grands sentiments de crainte, de culpabilité et de honte. Comment les parents ont-ils appris des règles et messages négatifs? Probablement de leurs propres parents et des autorités.

TABLEAU 6. Règles et messages négatifs souvent utilisés chez les familles d'alcooliques ou perturbées par d'autres troubles

---

Règles négatives	**Messages négatifs**
N'exprime pas tes sentiments	Tu devrais avoir honte
Ne te mets pas en colère	Tu n'es pas assez bon
Ne te fâche pas	Si seulement je ne t'avais pas eu
Ne pleure pas Fais ce que je dis, pas ce que je fais Sois bon, gentil, parfait	Tes besoins ne me conviennent pas Dépêche-toi de grandir Sois dépendant

Évite les conflits
(ou de t'en charger)

Ne réplique pas,
fais ce qu'on te demande

Réussis bien en classe

Ne pose pas de questions
Ne trahis pas ta famille

Ne discute pas des affaires
familiales avec un étranger;
garde les secrets de famille

Fais-toi voir et non entendre

Ne réplique pas

Ne me contredis pas

Sois toujours à ton avantage

J'ai toujours raison
et toi, toujours tort

Sois toujours aux commandes

Mets l'accent sur le comportement de l'alcoolique ou de
l'individu perturbé
L'alcool n'est pas la cause
de nos problèmes

Maintiens toujours le *statu quo*

Chacun dans la famille doit
accomplir quelque chose

Sois un homme
Un garçon ne pleure pas

Fais ta grande fille
Tu ne te sens pas comme ça

Ne sois pas ainsi

Tu es tellement stupide
(ou méchant, etc.)

C'est ta faute
Bien sûr nous t'aimons
Je me sacrifie pour toi

Tu nous dois bien cela

Comment peux-tu nous faire cela?

On ne t'aimera pas si tu...

Tu me rends fou

Tu n'arriveras jamais à rien
Ça n'a pas vraiment fait mal

Tu es tellement égoïste

Tu vas me faire mourir
C'est faux
Je promets
(ne tient pas sa promesse)
Tu me rends malade

Tu es tellement stupide

Nous voulions un garçon
(une fille)

Oh! toi...

La famille façonnée par la honte

On désigne de la sorte une famille dysfonctionnelle
lorsque chacun de ses membres communique avec les
autres à partir de sa honte intériorisée.

Les parents issus d'une telle famille n'ont pas vu leurs besoins satisfaits durant leur enfance ni même dans leur cheminement vers l'âge adulte. Ils utilisent souvent leurs enfants pour combler ces besoins inassouvis (Miller, 1981, 1983, 1984, 1986).

Les familles façonnées par la honte sont souvent liées par un secret, qui peut être n'importe quel état honteux, que ce soit la violence familiale, l'agression sexuelle, l'alcoolisme, voire même avoir été prisonnier dans un camp de concentration. Le secret liant les membres peut être plus subtil, par exemple avoir perdu son emploi, loupé une promotion ou rompu une relation. L'entretien de tels secrets handicape chacun des membres de la famille, qu'il les connaisse ou pas (Fischer, 1985), parce que la dissimulation empêche d'exprimer ses interrogations, ses inquiétudes et ses sentiments (tels que la crainte, la colère, la honte et la culpabilité). Ainsi les membres de la famille ne peuvent communiquer librement entre eux. Par conséquent, l'Enfant intérieur de chacun reste réprimé, incapable de croître et de se développer.

Les bornes personnelles

Paradoxalement, même si les membres de la famille communiquent difficilement entre eux, ils sont néanmoins très liés sur le plan affectif à cause de la dénégation et de la loyauté envers le secret. Souvent lorsque l'un d'eux est dysfonctionnel dans un domaine quelconque, les autres viennent à sa rescousse et tiennent son rôle. Tous apprennent à s'occuper des affaires des autres, d'une manière ou d'une autre. Il s'ensuit donc l'intrication ou le fusionnement des bornes personnelles, chacun empiétant sur celles des autres.

Les bornes personnelles des êtres sains et individualisés peuvent schématiquement s'illustrer comme suit :

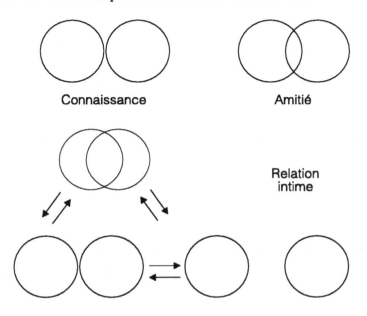

Connaissance

Amitié

Relation intime

Les relations saines sont ouvertes, souples, permettent l'accomplissement des besoins et des droits de chacun, et soutiennent la croissance mentale, affective et spirituelle de chaque individu. Même si les relations sont souvent intimes, leur intensité est doublée d'un flux et d'un reflux souple qui respectent les besoins de chaque membre et lui permet de s'épanouir en tant qu'individu.

Au contraire, les relations intriquées ou amalgamées pourraient être illustrées par le schéma suivant :

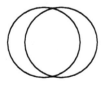

S'il s'agit d'une famille perturbée ou dysfonctionnelle, le schéma est le suivant :

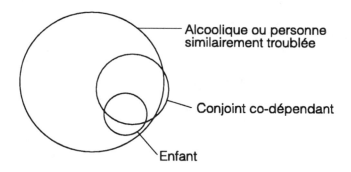

Alcoolique ou personne similairement troublée

Conjoint co-dépendant

Enfant

Ces relations intriquées ou amalgamées sont généralement malsaines, fermées, rigides et découragent l'entraide au niveau des besoins et des droits. Elles tendent à ne pas appuyer la croissance mentale et spirituelle de chaque individu. Les flux et reflux de rapprochement et de distance sont peu ou pas permis. Les dossiers médicaux de Karen et de Barbara illustrent bien de telles bornes malsaines et enchevêtrées.

Afin de survivre à une relation amalgamée, nous avons d'ordinaire recours à plusieurs modes de défense, notamment le déni (du secret, de nos sentiments et de notre douleur), ainsi que la projection de notre douleur sur autrui (attaquant, blâmant et rejetant) (Course, 1976). Toutefois, lorsque nous mettons fin à une relation façonnée par la honte, même si nous lui avons survécu, ce genre de situation basée sur la honte et la co-dépendance, la culpabilité, le déni et l'attaque ne nous réussit pas. Au sortir d'une relation malsaine, si on a recours aux mêmes moyens et défenses qu'auparavant, on s'apercevra que ceux-ci servent mal à tisser une relation saine.

L'être co-dépendant est presque toujours lié à une ou plusieurs personnes par intrication. Lorsque nous vivons une relation façonnée par la honte et la co-dépendance, il peut nous sembler perdre la raison. Lorsque nous tentons d'évaluer la réalité, nous sommes incapables de faire confiance à nos sens, nos sentiments et nos réactions.

LE COMPORTEMENT COMPULSIF ET LA COMPULSION RÉPÉTITIVE

Lorsque nous vivons sur une trajectoire basée sur la honte et la co-dépendance, que nous sommes axés confusément sur les autres, nous sentons bien sûr un vide, une incomplétude. Nous devenons malheureux, tendus, stressés, déprimés, amorphes. Être véritablement soi-même semble alors menaçant. Nous avons tenté d'être authentiques et trop souvent nous a-t-on rejetés ou punis. L'authenticité, l'expression de nos sentiments et leur satisfaction nous paraissent donc angoissantes. D'ailleurs, nous n'en avons pas l'habitude, alors nous nous empêchons de combler nos besoins et d'exprimer nos sentiments véritables (schéma 1).

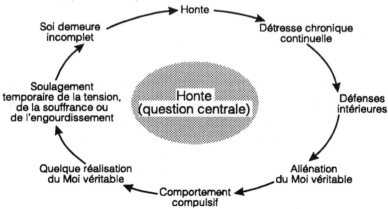

SCHÉMA 1. Cycle de la honte et du comportement compulsif (modifié avec la permission de Fischer, 1985)

83

Toutefois, notre Enfant intérieur dorénavant aliéné et reclus éprouve le besoin inné de s'exprimer. Secrètement, nous souhaitons sentir sa vivacité et sa créativité. Retenu depuis tant de temps, emprisonné dans un tel dilemme d'approche ou d'évasion, sa seule issue lui semble une forme de comportement compulsif négatif qui a fait ses preuves dans le passé, même si nous n'entrevoyons qu'un pâle reflet de notre Moi en agissant de la sorte. De telles actions compulsives couvrent un large éventail de comportements possibles, allant de l'abus d'alcool ou de stupéfiants à d'intenses relations de courte durée, jusqu'à tenter de dominer l'autre. Elles peuvent inclure les excès de table, une sexualité débridée, l'acharnement au travail, les dépenses excessives ou même participer trop souvent à des séances d'auto-assistance.

Ce type de comportement compulsif s'avère négatif et peut mener à l'autodestruction ou à détruire les autres. Il peut mener à une crise ou précipiter une crise qui touche les autres ou soi-même. Alors que nous pouvons exercer quelque contrôle sur ce comportement − notre volonté s'exerce jusqu'à un certain point, car nous pouvons même le planifier − il survient souvent de manière impulsive et automatique, comme un réflexe.

Lorsque nous agissons de manière compulsive, nous obtenons d'habitude un répit temporaire de la tension, de la souffrance et de la torpeur, même si nous pouvons en ressentir de la honte. Et même si ce répit est de courte durée, nous nous sentons revivre. Cependant, plus tard, le sentiment de honte et d'incomplétude nous tenaille à nouveau (Fischer, 1985). On parle alors de «compulsion répétitive» (Miller, 1981, 1983), qui survient en raison de conflits intérieurs présents dans le subconscient, dont nous n'avons pas connaissance.

Une issue

Forts de l'expérience liée au rétablissement de milliers d'individus, nous savons désormais qu'il existe une façon efficace de sortir de cet état constrictif né de la honte : raconter sa souffrance à des gens auprès de qui on se sent en sûreté.

Car alors, ce que nous montrons et partageons, c'est l'Enfant intérieur présent en nous, notre Moi véritable avec toutes ses forces et ses faiblesses. Seul, on ne peut se départir de sa honte. Les autres sont nécessaires à notre rétablissement. Ils valident notre situation et notre douleur, et ils nous acceptent tels que nous sommes. En entendant les autres nous raconter leurs peines et partager leur propre honte, nous les aidons à s'en défaire, ce qui nous aide à notre tour. Grâce à cette écoute et ce partage, nous commençons à pratiquer l'amour inconditionnel.

Un tel partage d'expériences et d'émotions se répète de nombreuses fois chaque jour, que ce soit en groupes d'auto-assistance, en thérapie (individuelle ou collective) ou entre amis.

ENTRAVES AU RÉTABLISSEMENT

Alors que nous commençons à nous rétablir de la honte, nous pouvons nous heurter à différents obstacles qui nous empêcheront d'aller plus avant. Il peut s'agir : (a) d'attitudes négatives vis-à-vis de soi-même; (b) de souvenirs ou d'images de personnes qui nous ont dans le passé inculqué la honte et que nous retrouvons maintenant chez d'autres personnes; (c) de liens qu'a créés la honte entre diverses sphères de notre existence (Fischer, 1985). Ces sphères peuvent comprendre :

1. les sentiments;
2. les impulsions (sexualité, agression, colère et le besoin d'intimité);
3. les besoins (*cf.* chapitre 4 et tableau 2);
4. les pensées (particulièrement les mauvaises pensées);

Par exemple, chaque fois que nous nous sentons blessés par une personne investie d'une autorité, comme l'un des parents, nous pouvons éprouver de la colère. Cependant, cette colère se transmue en sentiment de honte. Nous pouvons bientôt nous sentir craintifs et confus. Étant donné que tous ces sentiments peuvent devenir écrasants, nous les supprimons et devenons engourdis. Dans ces moments, et pendant plusieurs minutes par la suite, nous pouvons devenir dysfonctionnels à différents degrés. Le processus tout entier ne peut prendre que quelques secondes, mais nous pouvons alors nous sentir comme de petits enfants sans défense. Voilà ce qu'on appelle une «régression de l'âge» ou «retour à un mécanisme de survie antérieur».

Tom, 45 ans et père de deux enfants, est procureur. En thérapie de groupe, il parle de sa découverte de la régression vers sa jeunesse.

«Il m'a fallu quarante-cinq ans avant de comprendre ce qui se produisait lorsque mon père me rabaissait. Lors de ma visite à mes parents le mois dernier, il a tenté de me rabaisser en faisant une plaisanterie douteuse sur mon travail de procureur. Il a lancé : *Voici l'avocat véreux!*, puis il m'a regardé avant de lancer un regard à ma mère, mon frère et ma sœur pour voir si nous ririons avec lui. Avec l'aide du groupe de thérapie, j'ai appris comment je réagissais à ce moment-là. Je me suis soudainement senti confus, sans défense et colérique, comme si j'avais de nouveau cinq ans. J'ai penché la tête et je me suis engourdi. C'était une horrible sensation que j'avais ressentie maintes fois durant l'enfance, et que j'éprouvais encore lorsqu'il s'adressait à moi ainsi. Elle me revient également lorsque des gens tentent de m'étriver* ou de me juger. Je me rends compte à présent que mon père tente par ce moyen de résoudre les conflits et d'apaiser les tensions au sein de la famille. Il lance une plaisanterie, agace ou rabaisse quiconque se trouve en conflit avec lui. Son autre méthode consistait à abandonner cette personne, de sorte que jamais il ne faisait face au conflit. Alors, lorsque je régresse en âge, je m'efforce de reconnaître ce sentiment, je prends de grandes inspirations et je fais les cent pas pour retrouver mes esprits, de sorte que je puisse faire face aux gens comme lui. Maintenant j'établis des limites face à mon père lorsqu'il agit de la sorte. Je lui dis : «Je n'apprécie pas que tu plaisantes à propos de ma carrière et je ne te rendrai plus visite si tu continues.»

On peut commencer à se libérer de la honte et de la régression d'âge en prenant conscience de ces états. Lorsqu'ils surviennent, il faut les reconnaître et alors prendre plusieurs grandes inspirations. Cela nous libère de la confusion, de l'engourdissement et de la dysfonction, aiguise notre conscience de la situation, de sorte que nous ayons un meilleur contrôle sur nous-mêmes. Plutôt que de devenir des êtres paralysés, confus et dysfonctionnels, nous retrouvons prestement notre Moi véritable. Nous

---

* N.D.T. : Le verbe *étriver* est un canadianisme qui signifie *embêter, agacer.*

continuons à agir avec notre Moi véritable en nous relevant, en marchant et en observant la réalité autour de nous. Si nous sommes en compagnie de gens auprès de qui nous nous sentons en sûreté, nous pouvons nous ouvrir de nos sentiments. Nous pouvons aussi quitter la personne qui nous malmène mais, même si nous ne partons pas, nous pouvons retrouver une certaine assurance en empoignant les clés de l'auto, symbole de notre capacité de nous enfuir.

Nous découvrons alors que la régression de l'âge peut être avantageuse. Elle nous signale sur le champ que nous sommes malmenés ou elle sert de rappel en ce sens. Dès lors, on peut explorer les avenues qui s'offrent afin de remédier à la situation et d'éviter les mauvais traitements.

Nous savons qu'il y a une issue. Alors commence le rétablissement de l'Enfant intérieur.

Chapitre 7

Le rôle du stress : l'état de stress post-traumatique

L'état de stress post-traumatique peut agir sur quelqu'un dont l'Enfant intérieur est réprimé et dont le développement est retardé, mais également sur celui qui devient manifestement malade à la suite de traumatismes et de stress répétés. L'état de stress post-traumatique agit réciproquement avec les dynamiques de la co-dépendance, à tel point qu'ils se juxtaposent. L'état de stress post-traumatique équivaut à ce que Kritsberg (1986) décrit comme un choc chronique chez les enfants d'alcooliques.

Cet état peut survenir à la suite de différentes manifestations, notamment la peur, l'anxiété, la dépression, l'irascibilité, les comportements impulsifs, voire explosifs. Afin de déterminer l'existence de cet état, le *DSM III* (1980) conseille de s'assurer que quatre conditions soient réunies.

UN FACTEUR DE STRESS IDENTIFIABLE

La première de ces conditions concerne la présence continue d'un facteur de stress qui soit identifiable. Le

DSM III livre quelques exemples de facteurs de stress à divers degrés, qui sont reproduits sous une forme modifiée au tableau 7. Certes les exemples sont innombrables, mais j'ai souligné en italique plusieurs de ces facteurs que l'on retrouve parmi les familles perturbées ou dysfonctionnelles.

TABLEAU 7. Classement des facteurs de stress psychosociaux selon leur gravité (DSM III)

Code	Exemples – adultes	Exemples – enfant, adolescent
1. Aucun	Aucun facteur stressant psychologique apparent	Aucun facteur stressant psychologique apparent
2. Minimal	Infraction mineure à la loi; petit prêt bancaire	Vacances en famille
3. Léger	Dispute avec le voisin; changement dans les heures de travail	Changement de professeur; nouvelle année scolaire
4. Modéré	Nouvelle carrière; décès d'un ami proche; grossesse	*Conflit parental chronique; nouvelle école; maladie d'un proche;* naissance d'un frère, d'une sœur
5. Sévère	Grave *maladie (soi-même ou dans la famille)*; perte financière majeure; *séparation* conjugale; naissance d'un enfant	Décès d'un compagnon; *divorce* des parents; arrestation; *discipline parentale persistante et sévère*
6. Extrême	*Décès* d'un proche parent; *divorce*	*Décès* d'un parent, d'un frère, d'une sœur; *sévices ou agressions sexuelles répétés*
7. Catastro-phique	Emprisonnement dans un camp de concentration; désastre naturel	Plusieurs décès dans la famille

À partir de cette courte liste d'exemples, on se rend compte que les facteurs de stress se retrouvent communément dans les familles et les environnements qui tendent à réprimer le Moi véritable. Toutefois, pour être en mesure de déterminer l'état de stress post-traumatique, le type de facteur stressant ne doit pas provenir du bassin des expériences habituelles. Ces facteurs extraordinaires peuvent être une agression, un viol, toute forme de brutalité sexuelle, une blessure grave, la torture, l'emprisonnement dans un camp de concentration, une inondation, un tremblement de terre, se rendre au front, etc. J'estime, à l'instar de Cermak, que le fait de grandir au sein d'une famille dysfonctionnelle, gravement perturbée ou dans un milieu similaire peut produire l'état de stress post-traumatique. On prétend que ce dernier est plus dommageable et plus difficile à traiter : (a) si le traumatisme survient pendant une période prolongée, par exemple plus de six mois; (b) surtout si les traumatismes sont d'origine humaine; (c) et si les proches de l'être touché dénient la présence du facteur de stress. Ces trois éléments sont réunis dans une famille comptant un alcoolique actif ou dans une famille semblablement perturbée.

REVIVRE LE TRAUMATISME

En deuxième lieu, il faut revivre le traumatisme initial. Il peut s'agir de souvenirs ou de cauchemars récurrents touchant le traumatisme, ou des symptômes soudains faisant revivre le traumatisme, souvent accompagnés d'une accélération du rythme cardiaque, de panique et de sueurs.

LA TORPEUR PSYCHIQUE

L'une des caractéristiques remarquables de l'Enfant intérieur est justement sa capacité de ressentir et d'exprimer des émotions (*cf.* chapitre 3, tableau 1). Le Moi co-dépendant (le faux Moi) dénie et masque les sentiments véritables. La torpeur psychique, une caractéristique de l'état de stress post-traumatique, peut se manifester par la constriction ou l'absence des sentiments, par le fait de ne pas les exprimer, qui entraîne souvent une espèce d'éloignement, de retrait, d'isolement ou d'aliénation. Elle peut aussi se manifester par une perte d'intérêt envers les activités importantes de la vie.

Au sujet de la torpeur psychique, Cermak (1986) écrit : «Pendant les moments de stress extrême, on exige souvent des soldats au front qu'ils agissent sans se préoccuper de leurs propres sentiments. Leur survie dépend de leur capacité d'engourdir leurs sentiments au profit des gestes à poser pour assurer leur sécurité. Malheureusement, la séparation résultante entre le Soi et l'expérience vécue ne se cicatrise pas facilement. Elle ne disparaît pas peu à peu avec le passage du temps. À moins qu'un procédé de rétablissement actif ne soit enclenché, l'individu continue de connaître une constriction de ses sentiments, une moindre capacité de reconnaître les sentiments qui l'habitent, et le sentiment constant de dépersonnalisation. Tout cela compose ce que nous appelons *torpeur psychique*.»

AUTRES SYMPTÔMES

L'hypervigilance peut être un autre symptôme de l'état de stress post-traumatique. Elle se traduit par une crainte du stress continuel; on se trouve sans cesse sur un pied d'alerte face aux facteurs de stress potentiels et l'on cherche des détours pour les éviter. La culpabilité qu'éprouve le survivant constitue un autre symptôme, c'est-à-dire la culpabilité ressentie après avoir échappé à un traumatisme alors que les autres l'éprouvent. On prétend généralement que la culpabilité du survivant fait naître un sentiment d'abandon, de trahison et mène souvent à la dépression chronique; pour ma part, je suis d'avis que plusieurs facteurs mènent à la dépression chronique, principalement la répression de l'Enfant intérieur.

Le fait d'éviter les activités liées au traumatisme initial pourrait également constituer l'un des symptômes. Le dernier symptôme, qui ne paraît pas au *DSM III*, touche les personnalités multiples. Les personnes aux personnalités multiples sont souvent issues de familles très perturbées, stressées ou dysfonctionnelles. Les personnalités multiples sont peut-être le moyen dont dispose le Moi co-dépendant, motivé en cela par le Moi véritable, pour s'exprimer.

Cermak (1985) avance que les dynamiques de l'état des adultes-enfants issus d'alcooliques sont une combinaison de l'état de stress post-traumatique et de co-dépendance. En me fondant sur mon expérience auprès des adultes-enfants d'alcooliques et du suivi en cours de rétablissement, de même que sur mon expérience auprès d'adultes-enfants provenant d'autres types de familles dysfonctionnelles, je pense que l'état de stress post-traumatique est en fait une extension extrême de l'état général résultant de la répression de l'Enfant intérieur, quelle qu'en soit la forme. Lorsqu'il n'est pas permis de se souvenir, d'exprimer ses sentiments ou de s'affliger de ses pertes et chagrins, qu'ils soient réels ou de simples menaces, par le biais de la libre expression de son Enfant intérieur, alors on devient malade. Dès lors on peut envisager une vaste gamme d'afflictions irrésolues, qui débutent par des symptômes légers ou des signes d'affliction et qui peuvent aller jusqu'à la co-dépendance ou l'état de stress post-traumatique. Mais le blocage de l'expression du Moi véritable constitue le dénominateur commun de tous ces états.

On peut traiter l'état de stress post-traumatique en faisant une thérapie collective à long terme en compagnie d'autres qui en sont également atteints, que l'on complète souvent par une thérapie individuelle à court terme. Plusieurs des traitements utilisés pour rétablir l'Enfant intérieur se révèlent efficaces dans le traitement de l'état de stress post-traumatique.

Cermak a écrit (1986) : «Les thérapeutes qui obtiennent du succès avec ce groupe d'individus ont appris à respecter le besoin qu'éprouve le patient de conserver une forme de mutisme face à ses sentiments. Le procédé thérapeutique le plus efficace consiste en une alternance entre le dévoilement et la dissimulation de ses sentiments; c'est précisément cette souplesse permettant de moduler les émotions qu'ont perdue les gens souffrant de cet état. Ils doivent être rassurés quant à leur possibilité de refréner leurs émotions, qu'ils ne seront pas privés de ce refrènement mais plutôt qu'on en tiendra compte désormais. L'objectif initial de la thérapie consiste à favoriser le libre accès des patients à leurs émotions avec l'assurance qu'ils pourront de nouveau s'en distancier s'ils le souhaitent. Dès lors que les enfants issus de parents intoxiqués par une substance chimique ou l'alcool, les adultes-enfants d'alcooliques et autres personnes atteintes de stress post-traumatique sont confiants qu'on ne les privera pas de leurs mécanismes de survie, ils parviennent à faire surgir leurs émotions, serait-ce un instant. Et ce moment marquera le commencement de leur rétablissement.»

Chapitre 8

Comment favoriser
le rétablissement
de l'Enfant intérieur?

Afin de redécouvrir notre Moi véritable et d'assurer le rétablissement de l'Enfant intérieur, nous pouvons initier un processus qui repose sur les quatre actions suivantes :

1. Découvrir son Moi véritable (ou Enfant intérieur) et vivre en fonction de lui.

2. Identifier ses besoins continus sur les plans physique, mental, affectif et spirituel. S'appliquer à satisfaire ces besoins auprès de personnes qui nous appuient et en qui nous avons confiance.

3. Identifier, revivre et s'affliger de la douleur issue des pertes et traumatismes non pleurés en présence de personnes qui nous appuient et en qui nous avons confiance.

4. Identifier les questions fondamentales que l'on se pose et y travailler.

Ces actions sont étroitement liées, bien qu'elles ne soient pas listées selon un ordre particulier. Y travailler afin de rétablir son Enfant intérieur suit d'habitude une mouvance circulaire, le travail et la découverte en un domaine étant liés à un autre domaine.

STADES DU PROCESSUS DE RÉTABLISSEMENT

La survie

Pour atteindre le rétablissement, il faut d'abord survivre. Les survivants sont par nécessité co-dépendants. Pour ce faire, nous recourons à plusieurs techniques d'adaptation et aux défenses de l'ego. Les enfants issus d'alcooliques et d'autres familles troublées ou dysfonctionnelles apprennnent à survivre par le biais de faux-fuyants, de duperies, de négociations, de dénégations, de prétentions, d'apprentissages et d'adaptations, cela à la seule fin de survivre, peu importe le moyen d'y parvenir. Ils apprennent aussi des mécanismes défensifs malsains de l'ego, ainsi que les a décrits Anna Freud (1936) et résumés Vaillant (1977), et qui sont : l'intellectualisation, la répression, la dissociation, le déplacement et la formation réactionnelle (le recours excessif à ces mécanismes peut être considéré névrotique), la projection, le comportement en alternance passif et agressif, la transposition en actes, l'hypochondrie, la grandiloquence et la dénégation (le recours excessif à ces mécanismes peut être considéré immature et parfois psychotique).

Alors que ces mécanismes de défense sont fonctionnels au sein d'une famille dysfonctionnelle, ils trouvent peu d'effet sur nous à l'âge adulte. Lorsque nous essayons de nouer une relation saine, ils jouent en notre défaveur. Leur emploi réprime notre Enfant intérieur et favorise, voire renforce, le faux Moi (co-dépendant).

Ginny était une jeune femme de vingt et un ans qui avait grandi auprès d'une famille perturbée par l'alcoolisme.

Aux premiers temps de son rétablissement, elle a composé le poème suivant qui montre bien la douleur éprouvée au stade de la survie.

Peur de la nuit

Pareille à l'enfant qui s'éveille la nuit
Dans l'espoir de sentir des mains chaudes
Et de doux bras
L'envelopper dans sa propre solitude :
Pour pleurer, ressentir une soudaine sécurité...
Et de l'amour.
Moi aussi, dans l'obscurité et la solitude
De mon manque d'amour,
Abandonnée, sans attaches et rejetée,
Démontre encore par les pleurs silencieux d'un enfant
Le vieil espoir...
L'incroyable magie de se sentir aimé.

L'enfant existe toujours en moi
Avec cette innocence meurtrie et souffrante
Et trahie. Oh! quel paradoxe :
Percevoir quelque secours,
Et savoir que personne ne m'en prête.
Mais, motivée par mes rêves, flous mais puissants,
Souvenirs du merveilleux toucher de l'amour,
J'attends.
On attend, on attend toujours.
Il est oublié – ce besoin sans nom
Que les années ont retiré de mon cœur las.
Mais, par une force primale indéfinie,
Il se manifeste, occupe ma réalité,
Va à l'encontre de toute raison.

Je deviens grotesque à cause de mon désir impuissant,
Qui remue mon esprit sens dessus dessous.
Sourde est la douleur des souvenirs récents
Qui affaiblissent et défient,
Se soumettent et meurent.
Je ne vis point;
J'attends dans le désespoir*.

Ginny raconte ici sa douleur, son isolement, son désespoir. Pourtant elle laisse filtrer un rayon d'espoir dans la phrase : «L'enfant existe toujours en moi.» Le rétablissement intérieur repose pour une bonne part sur la découverte de soi, de l'Enfant intérieur, et sur la manière dont nous employons les modèles perceptifs négatifs vis-à-vis de soi-même, des autres, de l'univers entier. Cela s'accomplit tout au long des étapes du rétablissement.

Malgré la certitude que nous puissions avoir à propos du rétablissement, nous passons indubitablement par la douleur et la souffrance aiguës. Sinon, nous passons en alternance de la douleur à l'engourdissement. Peu à peu, nous apprenons que ces modes de défense grâce auxquels nous avons survécu durant une enfance et une adolescence perturbées ne nous sont d'aucun secours et qu'ils peuvent devenir malsains si on les applique aux relations intimes à l'âge adulte. La frustration accumulée à la suite de mauvais traitements, la souffrance née de la co-dépendance, l'échec des relations intimes nous poussent, parfois nous forcent, à chercher ailleurs une solution différente de ces méthodes inefficaces. Une telle recherche peut enclencher le processus de rétablissement intérieur.

---

* Traduction libre.

Selon Gravitz et Bowden (1985), le rétablissement intérieur des adultes-enfants issus d'alcooliques survient en six étapes : (1) la survie; (2) l'émergence de la conscience; (3) les questions fondamentales; (4) les transformations; (5) l'intégration; (6) la genèse (ou spiritualité). Ces étapes s'accomplissent parallèlement aux quatre métamorphoses de la vie dont parle Ferguson (1980) et aux trois stades de la quête du héros de la mythologie classique dont font état Campbell (1946) et ses collègues.

Nous pouvons éclaircir et résumer comme suit les similarités de chacune des démarches :

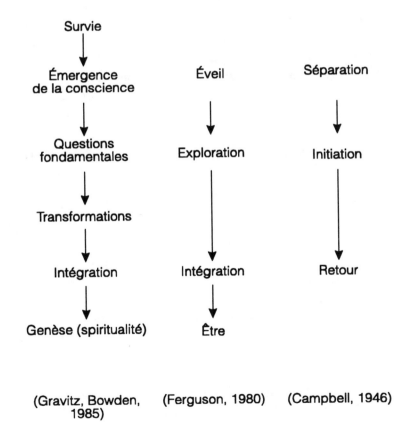

Survie		
Émergence de la conscience	Éveil	Séparation
Questions fondamentales	Exploration	Initiation
Transformations		
Intégration	Intégration	Retour
Genèse (spiritualité)	Être	
(Gravitz, Bowden, 1985)	(Ferguson, 1980)	(Campbell, 1946)

Chaque étape ajoute au rétablissement de l'Enfant intérieur. C'est souvent après coup que l'on identifie chacune des étapes. Nous n'en avons pas nécessairement conscience lorsque nous en franchissons une. Voilà pourquoi on conseille de se choisir un guide, un tuteur, un conseiller ou un thérapeute pour nous accompagner durant ce cheminement. Je recommande une thérapie collective basée sur les principes de l'association des adultes-enfants d'alcooliques, qui peut s'avérer particulièrement efficace.

Éveil (ou émergence de la conscience)

L'éveil est marqué dès lors qu'on se rend compte que la réalité diffère de l'idée que l'on s'en faisait. L'éveil est un processus qui se poursuit tout au long du rétablissement. Au départ, il faut d'ordinaire un point d'entrée, un déclencheur, quelque chose qui secoue notre vieille conception des choses, nos croyances, notre version de la réalité (Ferguson, 1980; Whitfield, 1985).

Cette émergence se manifeste difficilement en raison de la profondeur où se terre le Moi véritable et de la proéminence du faux Moi. Néanmoins, elle survient souvent. J'en ai été témoin auprès de centaines d'enfants traumatisés. Le facteur déclencheur ou le point d'entrée regroupe un vaste champ de possibilités, qui peut être le fait d'entendre quelqu'un témoigner de son propre rétablissement, en avoir ras le bol de souffrir de la sorte ou entreprendre sérieusement une thérapie visant à résoudre un problème récurrent. Chez d'autres, il peut s'agir d'assister à des réunions d'auto-assistance ou éducationnelles, faire une lecture appropriée ou entendre le témoignage d'un ami.

Souvent à cette étape on connaît la confusion, la peur, l'enthousiasme, la tristesse, la torpeur et la colère. Cela signifie que l'on recommence à ressentir ses sentiments.

On reprend contact avec celui ou celle que l'on est vraiment, c'est-à-dire l'Enfant intérieur ou le Moi véritable. À ce moment, plusieurs renoncent à poursuivre l'expérience, préférant retrouver le confort et la facilité de la retraite; ils se replient sur leur faux Moi, rechutent dans la co-dépendance, car leurs sentiments les effraient.

Les alcooliques, les intoxiqués, les êtres dépendants d'un comportement improductif (par exemple les joueurs compulsifs ou les outre-mangeurs) peuvent à ce moment faire une rechute. Ils peuvent également favoriser une autre forme de comportement compulsif formé par la honte, par exemple dépenser de l'argent qu'ils n'ont pas. Mais cet éveil peut fournir l'occasion de plonger en soi afin de se connaître entièrement, d'être en présence de sa vivacité et éventuellement de son bonheur.

CHERCHER DU SECOURS

À ce stade il est préférable de trouver un tuteur, un conseiller ou un thérapeute qui nous aide à découvrir notre Enfant intérieur en vue de l'aider à se rétablir. La personne en rémission est alors très vulnérable, confrontée à sa propre confusion, ses craintes, son enthousiasme ou sa résistance face à son rétablissement; elle doit veiller à ne pas choisir un tuteur qui n'ait pas accompli son propre cheminement intérieur, qui n'ait pas trouvé son Enfant intérieur. Si ce tuteur ne peut combler lui-même ses propres besoins, il risque d'utiliser son pupille pour compenser, ce qui ajouterait bien sûr au traumatisme et prolongerait le cercle vicieux qui mène au tréfonds du faux Moi (Miller, 1983; Jacoby, 1984).

Quelques lignes directrices

Voici quelques conseils en vue de trouver un tuteur, un thérapeute ou un conseiller qui nous soit de quelque utilité. Il convient de chercher quelqu'un répondant aux critères suivants :

1. Avoir une formation et une expérience qui soient vérifiables; par exemple, un clinicien ou un thérapeute possédant l'expérience requise pour aider les gens à croître sur les plans mental, émotionnel et spirituel, tout en parvenant à venir en aide à ceux dont l'état est particulier, comme l'adulte-enfant issu d'une famille minée par l'alcoolisme.

2. Ne pas porter de jugement catégorique, ne pas être rigide ou dogmatique.

3. Ne jamais promettre une résolution rapide des conflits.

4. Faire preuve de suffisamment de fermeté pour obliger ses patients à poursuivre leur travail de reconstruction intérieure, tout en leur étant attaché et en ayant à cœur la réussite de leur rétablissement.

5. Répondre à quelques-uns des besoins de ses patients durant la séance de thérapie (écoute, reflet, écho, sécurité, respect, compréhension et acceptation de leurs sentiments).

6. Encourager ses patients à trouver d'autres recours que la séance de thérapie pour satisfaire sainement leurs besoins.

7. Avoir suffisamment progressé sur la voie du rétablissement de son propre Enfant intérieur.

8. Ne pas se servir de ses patients pour satisfaire ses propres besoins (cela peut être difficile à déceler).

9. Inspirer confiance et bien aise à ses patients.

Un ami peut parfois posséder plusieurs de ces qualités. Cependant, un parent ou un ami n'a pas l'obligation de nous écouter en prêtant toute son attention, pas plus qu'il n'a reçu une formation pertinente. Les parents et amis peuvent souhaiter notre présence pour combler leurs besoins, peut-être de manière malsaine ou négative. Certains parents et amis en viendront – souvent inconsciemment – à nous trahir ou nous rejeter. On peut alors croire avoir perdu la raison. La compagnie de personnes dont les conflits intérieurs demeurent irrésolus n'est pas sécurisante. Mieux vaut les éviter.

Il faudra probablement quelque temps avant que la thérapie ne vous inspire assez confiance pour que vous risquiez de commencer à révéler votre Moi véritable. Accordez-vous ce temps. Pour certains, il s'agira de quelques semaines; pour d'autres, il faudra compter plus d'une année. Il importe que vous confiez ces craintes à votre thérapeute sans retenue. Faire ce pas rompt le schème habituel de la dénégation des sentiments inculquée tôt dès l'enfance.

À mesure que s'instaure la confiance, vous pourrez risquer de parler de vos secrets, vos peurs, vos inquiétudes les plus intimes. J'ai élaboré sur le pouvoir bienfaisant du témoignage de son vécu dans mon ouvrage intitulé : *Alcoholism and Spirituality*; d'autres également en ont parlé (Hillman, 1983). Que l'on fasse une thérapie individuelle ou collective, il importe de se raconter, même si au début on se montre hésitant. Sentez-vous à l'aise de demander à votre conseiller, thérapeute, chef de groupe ou camarade de vous livrer sa rétroaction sur vos confidences. Peu importe le type de thérapie que l'on choisit, il est très utile d'entreprendre son rétablissement livré à soi-même, en dehors des séances. On peut se questionner, réfléchir, explorer diverses idées et possibilités; on peut tenir son journal, raconter ses rêves à ses proches ou résoudre ses conflits en compagnie de gens en qui on a confiance.

Lorsqu'on parle de soi aux autres membres du groupe, il faut s'appliquer à être bref et précis, surtout si l'on appartient à un groupe de thérapie ou d'auto-assistance.

En général, on adopte en séances de thérapie le même comportement qui nous caractérise à l'extérieur du groupe. Il faudrait poser la question à votre thérapeute ou votre groupe, à savoir comment vous vous en tirez dans ce domaine.

Enfin, il faut s'intéresser à la question du transfert, qui comprend vos sentiments et conflits par rapport au thérapeute, conseiller ou au groupe (Jacoby, 1984). Risquez-vous et exprimez vos émotions, même s'il s'agit de colère, de honte, de culpabilité; peu importe si cela vous paraît négligeable de prime abord. Répétez-vous que vos sentiments sont légitimes et ce, malgré vos craintes, qu'elles soient négatives ou injustifiables.

Dès lors que l'on se sent suffisamment confiant pour se révéler en cours de rétablissement, on est généralement prêt à entreprendre le travail conscient sur certaines questions liées aux fondements mêmes de l'être.

Chapitre 9

S'ouvrir aux questions liées aux fondements mêmes de l'être

J'entends par «fondements de l'être» tout ce qui est en son cœur, son essence même; tout conflit, souci ou problème potentiel, qu'il soit conscient ou non, qui soit incomplet et qui nécessite un changement ou une action.

Le rétablissement de l'Enfant intérieur repose sur au moins quatorze points centraux, dont huit ont été décrits par des cliniciens et auteurs, notamment Gravitz et Bowden (1985), Cermak et Brown (1982) et Fischer (1985). Ces points centraux sont : le contrôle, la confiance, les sentiments, la responsabilisation excessive, la négligence de ses propres besoins, un comportement et un schème de pensée extrémistes, un seuil de tolérance élevé pour les comportements inconvenants et une piètre estime de soi, auxquels j'ai moi-même ajouté : être véritable, s'affliger de ses pertes non pleurées, craindre l'abandon, résoudre difficilement les conflits, avoir du mal à recevoir et à rendre l'amour.

À mesure que surgissent problèmes, inquiétudes et conflits, nous pouvons nous en ouvrir à une personne auprès de qui nous nous sentons en confiance. De prime abord, il peut être difficile de déterminer lequel, ou peut-être lesquels, de ces points centraux agissent sur nous. Les points centraux ne se présentent pas comme des questions existentielles, plutôt comme des embêtements journaliers. Toutefois, après mûre réflexion et maintes confidences, on se rend vite compte sur lequel ou lesquels de ces points centraux il faille s'attarder. Savoir cela nous aidera à nous libérer de la confusion, du mécontentement et de la répétition compulsive de schèmes de conduite négatifs et inconscients.

COMPORTEMENT ET SCHÈME
DE PENSÉE EXTRÉMISTES

Voilà la réaction défensive de l'ego que les thérapeutes appellent «dédoublement». En l'adoptant, on agit ou on pense de façon extrémiste; par exemple, on aime à la folie ou alors on hait. Il n'y a pas de commune mesure. Les gens de l'entourage sont perçus comme bons ou méchants, non pas selon les subtilités qui les composent. Mais on se juge de façon aussi impitoyable. Plus on s'enfonce dans un tel schème de pensée, plus on se voit contraint d'agir de la sorte. Cela nous attire des ennuis et nous cause des souffrances inutiles.

On se sent attiré par des gens qui pensent et agissent de façon extrémiste; mais leur entourage ne fait qu'ajouter aux ennuis et aux souffrances.

Le tableau 3 énumère les troubles et les états parentaux apparentés aux dynamiques des adultes-enfants issus d'alcooliques, et des adultes-enfants issus d'autres types de familles dysfonctionnelles. Un schème de pensée extrémiste peut naître de tous ces troubles et états, mais en général on le retrouve surtout chez les parents fondamentalistes ou intégristes sur le plan religieux. Ils sont souvent rigides, punitifs, perfectionnistes et portent des jugements catégoriques. Ils évoluent au sein d'un système fondé sur la honte, qui tente de masquer sinon de détruire le Moi véritable.

Le schème de pensée extrémiste ressemble à l'alcoolisme actif, à la toxicomanie, à la co-dépendance et aux autres accoutumances actives en ceci qu'il limite brutalement et déraisonnablement nos possibilités et nos choix. De telles contraintes étouffent la créativité et répriment la croissance au quotidien.

En cours de rétablissement, on apprend que les choses de la vie ne relèvent pas des extrêmes (notamment le rétablissement intérieur). Elles unissent plutôt les deux extrémités. Elles sont toutes en teintes de gris, non pas en noir ou blanc.

LE CONTRÔLE

Le contrôle est sans doute le point dominant de nos vies. Peu importe ce que nous pensons devoir contrôler, qu'il s'agisse du comportement d'autrui, du nôtre ou toute autre chose, le Moi co-dépendant tend à s'accrocher à cette notion et ne veut plus lâcher prise. Il en résulte de la souffrance, de la confusion et de la frustration.

En fin de compte, on ne peut contrôler la vie, alors plus on tente d'exercer le contrôle, plus on le perd parce qu'on y porte trop d'attention. Très souvent, quelqu'un qui estime avoir perdu ce contrôle et qui tente de le retrouver devient obsédé par la chose.

L'attachement est une forme de contrôle. Certains, plus sages que d'autres, se sont rendu compte que l'attachement, comme le besoin d'être aux commandes, est à l'origine de la souffrance. Bien sûr, cette dernière est un élément indissoluble de la vie. Tous nous devons souffrir avant de considérer des solutions de rechange. La souffrance peut nous indiquer la voie à suivre vers la paix intérieure. Laisser tomber est souvent la solution de rechange qui se présente pour nous soulager de la souffrance : on s'avoue vaincu devant le Moi co-dépendant et on se cramponne à la notion de contrôle.

Peu à peu, on découvre qu'abandonner cette soif de tout contrôler est l'un des plus puissants gestes guérisseurs que nous puissions poser, car cette liberté est celle du Moi véritable, de l'Enfant intérieur. Dans ce contexte, «laisser tomber» ne signifie pas renoncer ou s'avouer vaincu au sens militaire du terme, plutôt que celui qui se rend sort vainqueur du combat le forçant à tout contrôler et, de ce fait, améliore une situation faite de souffrances inutiles (Whitfield, 1985). Il s'agit d'un processus continuel se déroulant la vie durant, non pas d'un objectif à atteindre une fois pour toutes.

Ce besoin de tout contrôler est étroitement associé à plusieurs questions fondamentales, par exemple : la volonté, la crainte de perdre le contrôle, la dépendance et l'indépendance, la confiance, l'expression des émotions – en particulier la colère –, l'estime de soi et la honte, la spontanéité, se prendre en main, l'attitude extrémiste (noir ou blanc), les attentes envers soi et autrui. La plupart des gens n'ont pas confronté ces questions existentielles fondamentales, pourtant ils croient l'avoir fait et pensent contrôler les facettes de leur vie. Pis encore, ils pensent pouvoir contrôler la vie même.

Il faut cependant savoir que l'on ne peut contrôler la vie. La vie est un mystérieux processus qui se déroule éternellement, en dépit de nos actes. La vie ne peut être contrôlée car elle est trop spontanée, trop exubérante pour que nous puissions en saisir tous les aspects, encore moins exercer sur eux quelque contrôle, serait-ce par la pensée, l'ego ou l'esprit (Cermak, 1985).

On peut alors entrevoir une issue, une manière de se libérer de la souffrance résultant du besoin de tout contrôler. Cette manière consiste à rendre les armes et à devenir peu à peu un co-créateur de sa vie. J'élabore sur le processus de co-création dans mon livre intitulé : *Alcoholism and Spirituality*. Voilà où entre en jeu l'aspect spirituel du rétablissement intérieur, qui fournit une aide puissante. On peut avoir avantage à participer aux réunions de groupes d'entraide tels les A.A., Al-Anon, les Narcomanes anonymes et les Outre-mangeurs anonymes. On peut aussi considérer d'autres cheminements spirituels.

Être exagérément responsable

Plusieurs d'entre nous qui ont grandi au sein de familles perturbées ou dysfonctionnelles ont appris à devenir exagérément responsables. Cela semblait souvent la seule manière d'échapper aux sentiments douloureux, comme la colère, la peur et les blessures affectives. Cela donnait de plus l'impression de maîtriser la situation, sauf que ce qui fonctionnait alors ne fonctionne pas nécessairement à présent.

L'un de mes patients âgé de 40 ans me confiait qu'il acquiesçait toujours aux demandes qu'on lui formulait à son travail; cela le faisait beaucoup souffrir. Il a travaillé sur lui-même pendant deux années de thérapie collective, il a suivi un cours sur la façon de faire valoir ses droits, a appris à dire «non» et à ne pas faire ce qu'on tentait de lui imposer. Il apprenait ainsi à connaître son Moi véritable, son Enfant intérieur.

À l'opposé, d'autres peuvent se montrer irresponsables, passifs et s'estimer victimes. Ils auraient intérêt à travailler sur ces questions, entre autres à apprendre à faire valoir leurs droits.

Négliger ses besoins

La négligence ou la négation de ses besoins est étroitement apparentée à la responsabilité excessive. Ces deux éléments relèvent du faux Moi. Il serait peut-être utile de relire à ce sujet le quatrième chapitre de cet ouvrage. Certains pourraient tirer profit de copier le tableau 2, qui énumère quelques-uns des besoins de l'être humain, et l'afficher là où ils le verraient souvent ou, pourquoi pas?, le porter sur eux.

En observant et en travaillant à notre guérison, nous pouvons commencer à identifier les endroits et les personnes qui sont en mesure de nous aider à combler ces besoins d'une façon saine. Au fur et à mesure qu'ils sont comblés, nous découvrons une vérité fondamentale : nous sommes la personne la plus influente, la plus efficace et la plus puissante qui puisse nous aider à obtenir ce que nous voulons. Plus nous nous en rendons compte, plus nous pouvons nous interroger sur nos besoins, les définir et voir à leur satisfaction. Ce faisant, notre Enfant intérieur s'éveille, s'épanouit, se développe et devient créateur. Virginia Satir a dit : «Nous devons nous voir comme des miracles et dignes de recevoir l'amour.»

Grande tolérance envers
un comportement inconvenant

Les enfants issus de familles perturbées ou dysfonctionnelles grandissent sans savoir ce qui est normal, sain ou convenable. Dénués de tout point de référence, ils pensent que leurs vies faites d'inconstances, de traumatismes et de souffrances sont semblables à la norme.

En fait, en tenant le rôle du faux Moi que les familles perturbées, les amis et le milieu de travail ont tendance à valoriser, nous devenons assujettis à ce rôle et nous ne nous rendons plus compte qu'il existe d'autres façons d'être.

En cours de rétablissement, sous la supervision des personnes auprès de qui on se sent en sécurité et qui sont compétentes en la chose, nous apprenons lentement ce qui est sain et ce qui est convenable. D'autres questions surgissent alors, par exemple : se montrer exagérément responsable, négliger ses propres besoins, ses sentiments, ses bornes personnelles ainsi que la honte et la piètre estime de soi.

Tim, 30 ans, avait déjà consacré deux mois à notre thérapie de groupe lorsqu'il nous confia : «Quand j'étais gamin, je me croyais obligé d'écouter les divagations de mon père et de souffrir son comportement lorsqu'il buvait, c'est-à-dire chaque soir et presque chaque week-end. Lorsque je tentais de m'en éloigner, je me sentais coupable et ma mère en ajoutait en me sermonnant sur mon égoïsme. Encore aujourd'hui, je laisse les autres me rudoyer, m'écraser. J'ai pensé que quelque chose ne tournait pas rond chez moi, jusqu'au jour où j'ai entendu parler des adultes-enfants issus de familles minées par l'alcoolisme. J'ai commencé à lire à ce sujet, à participer à des séances.» Tim apprend à connaître sa grande tolérance envers les comportements inconvenants et commence à se libérer de cette forme subtile de mauvais traitement.

La peur de l'abandon

La peur de l'abandon remonte aux premières secondes, minutes ou heures de notre existence. Liée aux questions de confiance et de méfiance, cette peur est souvent exagérée chez les enfants issus de familles troublées ou dysfonctionnelles. Donc, pour la contrer, nous devenons méfiants; nous bâillonnons nos sentiments pour ne pas ressentir la douleur.

Quelques-uns de mes patients ont avoué que leurs parents les avaient menacés de les abandonner comme mesure disciplinaire alors qu'ils étaient de jeunes enfants. Une telle cruauté peut sembler bénigne en apparence à certains, bien que selon moi il s'agisse d'une forme implicite de violence morale infligée à un enfant.

Juan, 34 ans, était divorcé; auteur à succès, il avait grandi dans une famille souffrant d'un dysfonctionnement. Il a raconté devant le groupe : «Je me souviens de peu de choses avant l'âge de cinq ans, mais c'est alors que mon père nous a laissé tomber, ma mère, ma sœur et moi. Il a dit à ma mère avoir trouvé un emploi dans l'Ouest et qu'il reviendrait. Mais il ne nous l'a pas dit à nous, les enfants. De plus, ma mère m'a envoyé habiter chez une tante à 600 milles de là, sans m'en donner la raison. J'ai dû être en état de choc! Je l'ai dénié jusqu'à aujourd'hui. Ce n'est que depuis ces derniers mois que je retrouve mes émotions d'alors, c'est-à-dire que cet abruti m'avait abandonné et que ma mère m'avait rejeté. Le petit graçon que j'étais a dû grandement en souffrir. C'est seulement maintenant que je commence à en éprouver de la colère.» Lors d'une séance subséquente, il a ajouté : «J'ai appris à me protéger des gens qui m'abandonnaient en ne me liant pas trop avec eux. Avec quelques femmes, je me suis lié très étroitement mais, au moindre conflit, je les quittais immédiatement. Je me rends compte à présent que je les quittais avant qu'elles ne puissent m'abandonner.» Juan poursuit sa réflexion sur ses sentiments de douleur et de colère, en confrontant l'importante question de l'abandon.

Difficulté à traiter et à résoudre les conflits

Cette difficulté constitue un élément majeur du cheminent des adultes-enfants vers le rétablissement, car elle touche et agit réciproquement sur les autres questions liées aux fondements de l'être.

La vie courante dans une famille dysfonctionnelle nous enseigne à éviter les conflits en autant que faire se peut. Lorsque surgit un conflit, nous apprenons surtout à nous en éloigner. Parfois nous nous montrons agressifs, nous tentons de dominer ceux avec qui nous sommes en conflit. Lorsque cette méthode ne réussit pas, nous devenons sournois et manipulateurs. Dans un milieu dysfonctionnel, ces méthodes peuvent concourir à la survie mais elles ne réussissent pas si le lien entre les êtres est sain.

Le rétablissement intérieur repose sur la mise au jour des différents conflits successifs et sur le travail que l'on en fait. Toutefois, la crainte et la douleur ressenties lorsqu'on aborde ces questions de près peuvent être trop accablantes pour certains. Plutôt que de confronter la douleur et le conflit, on peut en revenir aux anciennes méthodes et, par exemple, se dire que l'on peut se passer d'aide extérieure. Mais cette solution n'a rien apporté jusqu'à présent.

Joanne, 40 ans, participait depuis sept mois à une thérapie collective réunissant des adultes-enfants issus de familles perturbées ou dysfonctionnelles. Elle tentait de dominer le groupe. Lorsque Ken s'est joint à nous, il a essayé de s'imposer, d'affronter Joanne, parfois en se montrant suffisamment agressif pour qu'elle ait de la difficulté à dominer le groupe. Après plusieurs altercations entre eux, Joanne a décidé de quitter le groupe. À la suite d'une étude exploratoire réalisée par le groupe, leur conflit de base fut découvert lorsque mon adjoint et moi lui avons dit : «Joanne, Ken et le groupe se trouvent à un moment crucial de leur rétablissement. Vous êtes en plein centre d'un important conflit. Vous avez l'occasion ici même, puisque le groupe est sécurisant, de travailler à résoudre un problème fondamental pour chacun de vous. Avez-vous déjà fait face à un conflit par le passé?»

Les membres du groupe discutèrent des fois où ils avaient fui, étaient devenus agressifs ou manipulateurs; cela ne leur avait rien apporté. Quelqu'un dit alors à Joanne : *Vous avez vraiment la chance de passer au travers. J'espère que vous ne partirez pas.* Elle dit qu'elle y réfléchirait et revint la semaine suivante nous apprendre qu'elle restait au sein du groupe.

Elle reprocha au groupe de ne pas être entendue, de ne pas avoir son appui depuis que Ken s'était joint à eux. Elle révéla autre chose, notamment qu'elle avait toujours éprouvé de la difficulté à reconnaître ses besoins et à les satisfaire. Elle ne s'était jamais sentie aimée et appréciée de ses parents. Joanne, Ken et le groupe firent face à leur conflit et, après plusieurs séances, arrivèrent à le surmonter.

En se confrontant à un conflit et en le résolvant, on reconnaît d'abord qu'il y a effectivement conflit. Si l'on se sent en sécurité, on court le risque de révéler ses inquiétudes, ses sentiments, ses besoins. En faisant face aux conflits, on apprend de plus en plus à identifier et à travailler sur ses conflits antérieurs et à résoudre ceux qui surviennent.

Il faut du courage pour reconnaître ses conflits et passer au travers.

S'ouvrir à propos des questions fondamentales

En cours de rétablissement, nous commençons à répertorier, des profondeurs du Moi véritable, les expériences et les craintes liées à l'abandon. En confiant nos sentiments, nos préoccupations, notre confusion et nos conflits intérieurs à des proches qui nous appuient et nous acceptent tels que nous sommes, nous élaborons un récit qu'autrement nous n'aurions pu raconter. Bien sûr les autres apprennent en écoutant notre témoignage mais, plus que tout, le récit que nous en faisons nous est particulièrement bénéfique parce que nous l'entendons également. Avant de raconter notre histoire, nous ignorons quelle forme elle prendra.

Quelle que soit la préoccupation, le problème ou la question dont on souhaite se délester, il faut d'abord s'en ouvrir à des gens auprès de qui on se sent en sécurité afin de se libérer du fardeau inutile qu'impose le mutisme. En racontant son histoire avec son cœur, avec son Moi véritable, on découvre la vérité sur soi-même. Faire cela, c'est guérir.

Souvent, lorsque des questions fondamentales surgissent ainsi aux premiers temps du rétablissement, le Moi co-dépendant les dissimule et crée d'autres masques. Il faut donc s'appliquer à reconnaître les questions fondamentales aussitôt qu'elles surgissent. Confier ses inquiétudes à des gens qui ont notre confiance a l'avantage, entre autres, de révéler les questions fondamentales et de faire la lumière.

Autres questions

Parmi les autres questions fondamentales liées au rétablissement intérieur, j'ai déjà parlé de la piètre estime de soi au sixième chapitre. Tout au long de cet ouvrage, il sera question de véracité, d'affliction et de résolution des conflits.

Provoquer l'émergence des questions fondamentales

Nombre de situations peuvent provoquer l'émergence des questions intérieures fondamentales, les activer et les intégrer explicitement à la vie courante. Les liens intimes comptent parmi ces situations, alors que deux individus osent se révéler l'un l'autre leur Moi véritable. En nouant une relation intime, on partage des parties de soi que l'on présente rarement à quelqu'un. Un tel partage soulève les questions de confiance, de sentiments et de responsabilité. Le rétablissement nous fournit certes l'occasion de nouer plusieurs relations intimes, mais la relation avec le conseiller, le thérapeute ou les membres du groupe provoque l'émergence de plusieurs questions. Afin d'y faire face de manière constructive, il faut être véritable le plus possible. L'on doit donc rendre les armes, apprendre à risquer, accorder sa confiance et participer; chacun de ces actes est franchement terrifiant.

D'autres types de situations précipitent à la surface ces questions depuis longtemps enfouies, telles les transitions de la vie (Levin, 1980), les exigences relevant du rendement au travail, au foyer ou dans les loisirs, et surtout les visites chez les parents (Gravitz, Bowden 1985). Lorsque refont surface ces sentiments, ces frustrations, ces questions existentielles, on commence peu à peu à s'en libérer si on fait preuve d'honnêteté, si on ouvre son Moi véritable à ceux en qui on met sa confiance.

Chapitre 10

Identifier et ressentir ses sentiments

I l importe au plus haut point d'acquérir la conscience de ses sentiments et d'y faire face de manière constructive si l'on souhaite qu'aboutisse le processus de rétablissement de l'Enfant intérieur.

Souvent les personnes issues de familles troublées ou dysfonctionnelles ne cherchent pas à combler leurs besoins. Les besoins insatisfaits deviennent douleurs et l'on ressent les sentiments douloureux. Étant donné que les membres de telles familles ont tendance à n'être pas portés sur l'écoute, le soutien, la formation, l'acceptation et le respect, on n'a personne avec qui partager ses sentiments. La douleur émotive devient si cuisante que l'on s'en protège en recourant aux différents modes de défense de l'ego dont nous avons parlé au huitième chapitre, alors s'ensuit le refoulement des émotions, qui éloigne de la conscience. Ainsi peut-on survivre, mais à quel prix? Peu à peu on s'engourdit, on perd contact avec les choses, on devient faux, co-dépendant.

On ne favorise pas la croissance mentale, affective et spirituelle en n'étant pas son vrai Moi. Non seulement se sent-on étouffé et inerte, mais également frustré et confus. On tient le rôle de la victime. On devient inconscient du Moi dans sa totalité et l'on nourrit l'impression que le monde entier nous en veut, que l'on est une victime à sa merci.

On peut échapper aux souffrances inhérentes au rôle de victime en identifiant ses sentiments et en les ressentant pleinement. Pour ce faire, on conseille de s'en ouvrir à des proches auprès de qui on se sent en sécurité.

Bill, 36 ans, avait atteint la réussite sur le plan professionnel mais pas sur le plan intime. Un jour, il confia devant son groupe de thérapie : «Je détestais mes sentiments autant que de devoir en parler devant vous ici. Depuis deux ans que je fréquente ce groupe, je commence à me rendre compte de leur importance et je commence même à les apprécier, même si certains font mal. Dans l'ensemble, je me sens plus vivant lorsque je ressens mes émotions.»

Il n'est pas nécessaire de tout connaître au sujet de ses sentiments. Il faut savoir qu'ils importent, que nous les éprouvons tous, qu'il est salutaire de les connaître et de s'en ouvrir aux autres. Nos sentiments peuvent être nos amis. Si on sait les maîtriser, ils ne nous trahiront pas; la crainte de perdre le contrôle, d'être submergé ou englouti n'aura plus sa raison d'être.

Les sentiments constituent l'image que l'on se fait de soi-même. Ils sont nos réactions au monde qui nous entoure, la manière dont on se sent vivant (Viscott, 1976). On n'a pas vraiment conscience de la vie sans avoir la conscience de ses sentiments. Ils définissent notre expérience et décident de notre état. Les sentiments forment le lien qui nous lie à nous-mêmes, aux autres et au monde dans lequel nous évoluons.

LA GAMME DES SENTIMENTS

À la base, nous éprouvons deux sortes de sentiments : agréables et douloureux. Les premiers nous font ressentir une sorte de force, de bien-être et de complétude; les seconds entravent le bien-être, brûlent l'énergie, laissant une impression de lassitude, de vide et de solitude. Toutefois, au-delà de la douleur qu'ils causent, ils transmettent un message nous prévenant que quelque chose mérite notre attention.

Il y a plusieurs avantages à être conscient de ses sentiments, à les ressentir au gré de leur flux, dans toute la spontanéité de leur occurrence. Les sentiments nous servent de mises en garde et nous rassurent. Ils sont en quelque sorte des indicateurs, des jauges traduisant notre état en un moment précis et durant une période donnée. Ils nous donnent une impression de maîtrise et de vivacité.

Le Moi véritable ressent tant la joie que la douleur, et les exprime et les partage avec ceux dont il sent qu'ils écouteront. Toutefois, le Moi co-dépendant a tendance à nous faire éprouver surtout des émotions douloureuses, à les retenir sans les partager.

On peut simplifier tout cela en décrivant les sentiments agréables et douloureux selon une progression partant des plus joyeux jusqu'aux plus tristes, qui prend fin avec la confusion et la torpeur.

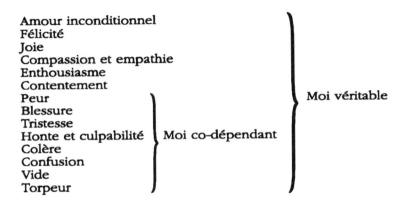

En voyant nos émotions sous cet angle, on constate que le Moi véritable (l'Enfant intérieur) se trouve devant un éventail de possibilités plus large que nous ne l'ayons d'abord cru. La croissance et l'épanouissement de l'Enfant intérieur sont liés à ce que les psychothérapeutes et les conseillers appellent un ego puissant, soit un ego souple et créatif pouvant s'adapter aux contrecoups. À l'inverse, le Moi co-dépendant a tendance à se limiter, à réagir surtout aux sentiments pénibles ou à s'engourdir. Le Moi co-dépendant s'associe d'habitude à un faible ego, soit un ego moins souple, plus axé sur lui-même (négatif ou égocentrique) et plus rigide. Afin de dissimuler la douleur, on a recours à des réactions défensives plutôt malsaines qui nous privent de plusieurs possibilités.

Les niveaux de conscience
relatifs aux sentiments

Afin de survivre, un être qui a grandi ou qui vit présentement au sein d'une famille dysfonctionnelle est plutôt porté à se limiter aux sentiments qui émanent du Moi co-dépendant. À mesure qu'il explore ses sentiments et qu'il avance vers la conscience, il se rend compte que celle-ci s'établit à différents niveaux.

Le retrait face aux sentiments

Lorsqu'on ne peut éprouver un sentiment, on peut difficilement y puiser pour l'exprimer (*cf.* tableau 8). Alors, non seulement ne connaît-on pas ce sentiment, mais on est incapable d'exprimer l'état du Moi véritable. Tandis que l'on tient des propos superficiels, les actions inter-personnelles, la capacité de goûter la vie et de croître sont à leur plus faible. On pourrait dire qu'il s'agit du premier niveau de partage et de croissance des sentiments.

Le début de l'exploration

Le deuxième niveau est celui de l'exploration des émotions et des sentiments. On peut éprouver quelque difficulté à partager ses sentiments récemment révélés, qui peuvent ressortir lors d'une discussion, camouflés en idées et en opinions plutôt qu'en émotions véritables. Les actions interpersonnelles, la capacité de goûter la vie et de croître demeurent faibles, en ayant cependant plus de vigueur qu'au niveau précédent. La majorité éprouve des sentiments et souhaite les exprimer, sans toutefois y parvenir; on vit donc son existence en partageant peu ses senti- ments et en en ayant peu conscience. On fonctionne donc entre les deux premiers niveaux de conscience. Le Moi co-dépendant est habitué à cet emploi limité des sentiments.

L'exploration et l'expérimentation

À mesure que l'on apprend à connaître son Moi véritable, on commence à explorer et à vivre ses sentiments à un niveau plus profond, celui des tripes. On devient alors capable de confier à autrui comment on se sent, à mesure que montent les sentiments. On arrive ainsi à développer des actions interpersonnelles avec ceux de ses proches qui importent et donc à goûter davantage à la vie. On s'épanouit alors sur tous les plans, mental, affectif et spirituel. Une fois atteint ce troisième niveau de conscience, on est en mesure de connaître l'intimité avec une autre personne.

Partager ses sentiments

Partager ses sentiments avec quelqu'un est une arme à double tranchant. D'abord, on peut s'en ouvrir à quelqu'un qui ne souhaite pas pareilles confidences. Cette personne peut n'en être qu'au premier ou deuxième niveau de conscience et être incapable d'entendre ce genre de révélation. Elle peut aussi faire semblant d'écouter mais être centrée sur ses propres préoccupations. Pis encore : on peut se confier à quelqu'un qui ne nous appuie pas, dont l'attitude n'est pas sécurisante, et qui pourrait nous rejeter ou nous trahir. Le tableau suivant illustre la difficulté d'exprimer ses sentiments.

TABLEAU 8. Niveaux de conscience et de communication des sentiments, et quelques conseils avant de les partager (à partir de Dreitlein, 1984)

Capacité de ressentir	Communication	Révélation de soi	Action interpersonnelle et aptitude à la croissance	Personnes à qui s'ouvrir de ses sentiments	
				Inappropriées	Appropriées
1. Fermé	Propos superficiels	Aucune Faits évidents	Aucune	Triées sur le volet	Tout le monde
2. Commence à explorer	Idées et opinions visant à plaire aux autres	Précautionneuse Accidentelle	Peu	Personnes qui n'écoutent pas	Personnes qui écoutent
3. Explore et exprime	Niveau des tripes	Volonté Ouverture	Grande	Personnes qui nous trahissent et nous rejettent	Personnes qui sont sûres et nous soutiennent
4. Ouvert, exprime et observe	Optimale	Complète lorsqu'elle favorise l'existence	Maximale	Personnes qui nous trahissent et nous rejettent	Personnes qui sont sûres et nous soutiennent

Ken, 34 ans, était un vendeur prospère qui avait grandi entouré d'un père et d'un frère alcooliques, et dont la mère était co-alcoolique. Il a confié à son groupe de thérapie avoir établi des limites à son frère en lui demandant de s'abstenir de boire et de consommer des stupéfiants lors d'une soirée anniversaire qu'il donnait chez lui. On a demandé à Ken ce qu'il ressentait devant la possibilité que son frère, fidèle à son habitude, gâche la fête en buvant trop; il répondit qu'il se sentait en mesure de faire face à cette éventualité. Les membres du groupe réitérèrent leur question, ce à quoi Ken offrit la même réponse en ajoutant qu'il était intéressé à la rétroaction du groupe. Peu à peu, il se rendit compte qu'il bloquait et supprimait sa peur, sa colère, sa frustration et sa confusion, ce qu'il avoua à ses camarades.

Ken profitait de la thérapie collective pour utiliser les membres du groupe comme un miroir, pour recevoir leurs avis. Il fréquentait ce groupe depuis trois mois et commençait à se sentir confiant, à s'ouvrir de ses inquiétudes et de ses confusions. Il profita du groupe pour découvrir une partie importante de son Moi véritable.

Il vaut mieux partager ses émotions avec des personnes qui nous appuient. Aux premiers temps du cheminement qui mène au rétablissement, les participants issus de familles dysfonctionnelles sont tellement désireux de livrer leurs émotions qu'ils risquent d'être rejetés, trahis ou embarrassés à force de parler d'eux-mêmes sans retenue. Ils ont alors de la difficulté à apprendre qu'il ne convient pas de s'ouvrir de ses sentiments à tout un chacun.

Comment décider des personnes à qui on peut s'ouvrir? Gravitz et Bowden (1985) proposent une technique basée sur le partage et la vérification. Lorsqu'on souhaite partager un sentiment sans savoir à qui on peut le confier, on peut s'en ouvrir quelque peu à certaines personnes. Puis on attend leurs réactions. Si elles ne semblent pas écouter, si elles portent un jugement ou si elles donnent immédiatement leurs avis, on peut décider de mettre fin aux confidences. Si elles tentent d'invalider nos sentiments, si elles nous rejettent et si elles trahissent notre confiance en divulguant nos propos, il vaut mieux ne pas en confier davantage. Toutefois, si elles prêtent l'oreille, nous épaulent et ne réagissent pas comme on l'a dit précédemment, il peut être souhaitable de continuer à se confier à elles. Certains indices confirment l'intérêt que quelqu'un nous porte, par exemple s'il nous regarde droit dans les yeux, s'il semble sympathique, s'il n'est pas empressé et s'il ne tente pas de nous faire changer d'idée. À longue échéance, le confident idéal nous écoutera et nous appuiera avec constance, ne nous rejettera pas ni ne nous trahira.

Les groupes de thérapie et d'auto-assistance, les conseillers, thérapeutes, tuteurs, amis ou l'être cher fournissent les circonstances favorables à l'écoute, au partage et à la vérification.

La spontanéité et l'observation

À mesure que l'on devient plus à l'aise et plus en mesure de faire confiance au Moi véritable et aux autres, on peut commencer à partager sélectivement ses émotions de manière plus complète. Ce type de partage, à mesure qu'il mûrit et se poursuit, permet d'observer de mieux en mieux ses émotions (quatrième niveau). Ce processus conduit alors à découvrir un principe de rétablissement, qui énonce que *l'on n'est pas ses émotions*. Elles sont certes utiles et essentielles à l'existence, elles permettent de se connaître et de s'amuser, mais on peut tout simplement les observer. Les émotions ne nous contrôlent pas, ni ne nous dirigent. C'est alors que l'on entre en harmonie avec elles; nous n'en sommes plus victimes. Nous pénétrons un niveau de conscience avancée des émotions.

LA TRANSFORMATION DES SENTIMENTS

Chaque sentiment trouve son contraire (*cf.* tableau 9). À mesure que l'on devient plus conscient de ses sentiments douloureux ou négatifs, à mesure que l'on ressent chacun d'eux et qu'on s'en libère, on peut les transformer en joie. On connaît ainsi la gratitude de pouvoir faire naître de la joie à partir d'une douleur, de faire un cadeau d'une malédiction.

Les sentiments travaillent de concert avec la volonté et l'intellect en vue de nous aider à vivre et à évoluer. À les dénier, les triturer, les réprimer ou les supprimer, on obstrue le flux de leur conclusion naturelle. Le blocage émotif peut entraîner la détresse et la maladie. En contraste, lorsqu'on a conscience de ses sentiments, lorsqu'on les partage, les accepte et les relâche, on se porte mieux, on est plus en mesure de connaître la sérénité, la paix intérieure qui est en réalité notre état naturel.

Il est essentiel de consacrer du temps à ses sentiments afin d'évoluer et de connaître le bonheur. Il n'y a d'autre issue pour se sortir d'une émotion douloureuse que de s'y confronter et de passer au travers.

Les sentiments sont une constituante essentielle d'une dynamique de l'évolution, c'est-à-dire l'affliction. Lorsqu'on perd quelque chose qui nous importe, il faut s'en affliger afin de grandir par-delà la peine.

TABLEAU 9. Certains sentiments et leurs contraires
(compulsés à partir de Rose et autres, 1972)

Douloureux	Joyeux
Peur	Espoir
Colère	Affection
Tristesse	Joie
Haine	Amour
Solitude	Communauté
Blessure	Soulagement
Ennui	Implication
Frustration	Contentement
Infériorité	Égalité
Suspicion	Confiance
Répulsion	Attirance
Timidité	Curiosité
Confusion	Clarté
Rejet	Soutien
Insatisfaction	Satisfaction
Faiblesse	Force
Culpabilité	Innocence
Honte	Fierté
Vide	Contentement
	Satisfaction

Chapitre 11

Le processus d'affliction

Un traumatisme est une perte, qu'elle soit réelle ou appréhendée. On essuie une perte lorsqu'on est privé ou qu'on doit se passer de quelque chose que l'on avait, à laquelle on accordait de l'importance, quelque chose dont on avait besoin, que l'on souhaitait, à laquelle on s'attendait.

Les pertes et traumatismes mineurs sont si fréquents et si subtils qu'on les perçoit rarement comme tels. Pourtant, toute perte engendre la douleur ou le malheur; voilà le sentiment que l'on désigne par «affliction». Il s'agit en fait du processus d'affliction. Lorsqu'on se permet de ressentir la douleur, que l'on partage cette peine avec des proches auprès de qui on se sent en confiance, alors peut-on mener à terme le processus d'affliction et ainsi s'en libérer.

Le parachèvement du processus d'affliction requiert du temps. Plus la perte est importante, plus long il faudra compter pour s'en remettre. Une perte mineure peut être guérie en quelques heures, en quelques jours, peut-être quelques semaines. Une perte de moyenne importance peut nécessiter entre quelques mois et quelques années d'affliction. Une perte majeure exige en général entre deux et quatre années avant que ne soit terminée l'affliction.

LES DANGERS D'UNE PEINE NON VÉCUE

Une peine non vécue est semblable à une plaie profonde couverte de tissu cicatriciel, prête à s'ouvrir au moindre choc (Simos, 1979). Lorsqu'on essuie une perte, un foisonnement d'énergie monte en nous, qui demande à être évacuée. Si cette énergie n'est pas libérée, le stress ainsi causé s'accumule jusqu'à devenir un état de détresse chronique. Kritsberg (1986) parle d'un choc chronique. Sans libération, la détresse chronique s'accumule en nous sous forme d'inconfort, de tension, que l'on peut difficilement identifier de prime abord. On peut la ressentir par le biais d'une pléthore de manifestations, par exemple l'anxiété chronique, la tension, la peur, la nervosité, la colère, le ressentiment, la tristesse, le vide, l'insatisfaction, la confusion, la culpabilité, la honte ou, à l'instar d'un grand nombre ayant grandi dans une famille dysfonctionnelle, la torpeur ou l'engourdissement émotif. Ces sentiments peuvent à tour de rôle se manifester et disparaître chez un même individu. Ils peuvent s'accompagner d'insomnie, de douleurs, de symptômes somatiques, de blocages psychiques, de maladies physiques ou émotionnelles. Bref, le poids d'une peine non pleurée jusqu'au bout, et de saine manière, est lourd à porter.

Si l'on a durant l'enfance essuyé des pertes qu'il fut interdit de pleurer, on peut entrer dans l'âge adulte en portant plusieurs des troubles précités. On peut également montrer une tendance à l'autodestruction ou à un comportement destructeur. Ce type de comportement peut entraîner dans le malheur, causer des ennuis, aligner les crises éventuelles. Lorsque ces comportements destructeurs s'enchaînent à répétition, on parle de «compulsion répétitive»; on pourrait alors parler d'une motivation inconsciente qui pousse à refaire les mêmes gestes, même s'ils vont à l'encontre du bien-être de leur auteur.

Les enfants issus d'une famille dysfonctionnelle ont essuyé plusieurs pertes, dont plusieurs n'ont pas été pleurées jusqu'au bout. Les nombreux messages négatifs qu'ils ont reçus en tentant de pleurer ont causé un blocage important : devenir insensible à la douleur et n'en pas parler (*cf.* tableau 6 au chapitre 6). Lorsqu'on perpétue à l'âge adulte les schèmes de comportement et les règles appris pendant l'enfance et l'adolescence, il devient difficile de les modifier. Pourtant, en découvrant, en élevant, formant et nourrissant le Moi véritable, il est possible de transformer ces comportements inefficaces. Ce faisant, on commence à se libérer des entraves de la confusion et de la souffrance inutiles et répétées. Il faut d'abord identifier ses pertes et traumatismes. Ensuite, il faut les revivre, s'en affliger et les pleurer jusqu'au bout, plutôt que de tenter de les éviter comme on a fait la première fois.

Entamer le processus d'affliction

Plusieurs méthodes s'offrent à nous pour entamer le processus. Certaines d'entre elles impliquent que l'on débute ainsi :

1. Identifier ses pertes;

2. Identifier ses besoins (*cf.* tableau 2);

3. Identifier ses émotions et les partager (chapitre 10);

4. Travailler sur les questions relatives aux fondements de l'être (chapitre 9);

5. Élaborer un programme de rétablissement intérieur.

Identifier ses pertes

Il peut être difficile d'identifier une perte que l'on a subie, surtout si on l'a réprimée ou supprimée. Il peut s'avérer plus difficile encore de cerner une perte que l'on a subie il y a longtemps. Il est certes utile de parler de ses préoccupations et de ses souffrances, mais la seule confidence peut ne pas suffire à aviver les sentiments, l'affliction issus des pertes que l'on n'a pas pleurées.

Les thérapies basées sur l'expérience servent à déclencher, à faciliter le processus d'affliction. Les techniques fondées sur l'expérience, telles que la thérapie collective, servent à se libérer des structures familiales négatives, permettent une spontanéité et favorisent une clarté de vue qui enclenchent dans l'inconscient des libérations qui, autrement, seraient restées cachées à la perception consciente. On estime à 12 p.100 la portion de notre vie jugée consciente, qui englobe les connaissances et la perception consciente. Curieusement, les 88 p.100 qui restent représentent l'inconscient. Ces techniques servent, non seulement à identifier les pertes, les besoins et les émotions, mais aussi à entreprendre un travail efficace sur les pertes non pleurées.

Voici quelques exemples illustrant des techniques fondées sur l'expérience pouvant servir à rétablir l'Enfant intérieur, en s'affligeant des pertes et traumatismes que l'on n'a pas pleurés :

1. Partage de ses sentiments avec des proches auprès de qui on se sent en sécurité;

2. Récit de son histoire (se confier, avec le risque et le partage que cela suppose);

3. Travail à partir du transfert (c'est-à-dire ce que l'on projette sur autrui et l'inverse);

4. Psychodrame, reconstruction, Gestal-thérapie, sculpture familiale;

5. Hypnose et techniques s'y rapportant;

6. Participation à des réunions de groupes d'auto-assistance;

7. Travail sur les douze étapes (Al-Anon, A.A., etc.);

8. Thérapie collective (habituellement un environnement sécurisant permettant de pratiquer les techniques fondées sur l'expérience);

9. Thérapie de couple ou de famille;

10. Imagerie guidée;

11. Travail respiratoire;

12. Affirmations;

13. Analyse des rêves;

14. Thérapie par les arts, le mouvement et le jeu;

15. Imagination active et recours à l'intuition;

16. Méditation et prière;

17. Thérapie corporelle;

18. Rédaction de son journal intime.

Ces techniques fondées sur l'expérience devraient être employées dans le cadre d'un programme de rétablissement total, idéalement sous la supervision d'un thérapeute ou conseiller connaissant les principes de rétablissement de l'Enfant intérieur.

Afin d'identifier plus facilement ses pertes, en particulier celles que l'on n'a pas pleurées, j'en ai compulsé plusieurs exemples (*cf.* tableau 10), auxquels on peut ajouter le tableau 5, qui décrit certains types de perte ou de traumatisme qui peuvent survenir durant l'enfance et l'âge adulte.

TABLEAU 10. Certains types de perte
(compulsés à partir de Simos, 1979)

Quelqu'un d'important – un proche

Séparation, divorce, rejet, abandon, décès, avortement, fausse-couche, maladie, déménagement, enfant quittant le foyer, etc.

Partie de soi

Image corporelle, maladie, accident, perte d'autonomie, perte de contrôle, estime de soi, indépendance, ego, attentes, mode de vie, choc culturel, emploi, changement, etc.

Enfance

Parents sains, besoins comblés, développement sain, objets transitionnels (couverture, joujou, etc.), nouvel ajout à la famille ou perte d'un membre de la famille, changements physiques (p. ex. à l'adolescence, à l'âge adulte, au vieil âge), menaces de perte (séparation ou divorce).

Développement de l'adulte

Transitions, notamment à l'âge moyen de la vie.

Objets extérieurs

Argent, propriété, choses nécessaires (clefs, portefeuille, etc.), automobile, objets ayant valeur sentimentale, collections.

Une perte peut être soudaine, graduelle ou prolongée. Elle peut être partielle, complète, incertaine, même sans conclusion. Elle peut survenir à une seule reprise, de manière multiple ou cumulative. Toujours personnelle, elle peut être symbolique.

Étant donné que la perte est universelle en ceci qu'elle peut survenir quotidiennement, on peut facilement la négliger, l'oublier. Cependant, elle véhicule chaque fois une menace à l'égard de l'estime de soi. Certes, on enregistre une perte chaque fois qu'un coup est porté à l'estime de soi (Simos, 1979).

Les pertes surviennent souvent de manière discrète, séparément, mais la douleur inhérente rappelle au souvenir les pertes non pleurées qui sont entassées dans l'inconscient. Une perte non pleurée demeure à jamais dans l'inconscient, ce dernier n'ayant aucune notion du temps. Les pertes du passé, ou même ce qui rappelle ces pertes, autant que les pertes actuelles et les souvenirs de pertes antérieures, provoquent une peur des pertes éventuelles que l'avenir peut réserver (Simos, 1979).

En bref,

Les pertes et les séparations passées
ont un impact sur les pertes,
séparations et attachements actuels.
Et tous ces facteurs influent
sur la peur des pertes éventuelles
et notre capacité de nous lier à l'avenir.
(Simos, 1979)

Identifier et s'affliger d'une perte
marquent le début de la libération
de ses entraves souvent douloureuses.

Étant donné que le phénomène de la perte est un événement déterminant chez les individus qui se rétablissent de l'alcoolisme, du co-alcoolisme et de la co-dépendance, j'ai relevé dix pertes à l'intention des personnes touchées qui cherchent à identifier leurs afflictions (*cf.* tableau 11).

LES ÉTAPES DE L'AFFLICTION

Une douleur aiguë suit d'ordinaire une trajectoire particulière, débutant par un choc, l'anxiété et la colère, et prenant fin sur un note soit positive soit négative, selon les conditions entourant la perte et la manière dont on l'a pleurée (Bowlby, 1980).

TABLEAU 11. Quelques pertes subies par les alcooliques, toxicomanes, co-dépendants, adultes-enfants issus de familles minées par l'alcoolisme, perturbées ou dysfonctionnelles, et la gravité supposée de leur impact sur le besoin de s'en affliger

	Gravité supposée ou impact de la perte dans le cas de :		
Perte	**Alcoolisme, toxicomanie**	**Co-dépendance**	**Adulte-enfant**
1. Attentes, espoirs, croyances	++	++	++
2. Estime de soi	++	+, ++	+, ++
3. Parties de soi (autres que l'estime)	+	+	+
4. Mode de vie	++	++	++
5. État de conscience modifiée instantané ou soulagement de la douleur (alcool, stupéfiant ou montée d'adrénaline)	+++	++	++
6. Relations passées non vécues			
7. Stades de développement passés incomplets	++	+++	+++
8. Pertes et traumatismes passés non pleurés			
9. Changements aux relations actuelles	++	++	+, ++
10. Menaces de pertes futures			

LÉGENDE : + = un peu, ++ = modéré, +++ = beaucoup (gravité supposée ou impact d'une perte selon l'état)

On peut élaborer davantage sur trois étapes, en les subdivisant de façon détaillée :

Étape 1. Choc, alerte et dénégation.

Étape 2. Affliction aiguë, consistant en :

Déni continu, intermittent et diminutif.
Douleur physique et détresse psychologique.
Émotions et impulsions contradictoires.

Comportement axé sur la recherche consistant en :

> préoccupations avec des pensées centrées sur la perte, compulsion à parler de la perte, compulsion à vouloir retrouver ce qui fut perdu, attente en vue que quelque chose se produise, errance sans but, agitation, impression d'être perdu, de ne savoir que faire, incapacité d'initier quelque activité, impression que le temps est arrêté, impression d'être désorganisé et que la vie ne vaudra plus d'être vécue, confusion et impression d'irréalité, peur de ce que les indices précédents soient révélateurs d'une maladie mentale.

Pleurs, colère, culpabilité, honte.

Identification aux traits, valeurs, symptômes, goûts ou caractéristiques de la personne que l'on a perdue.

Régression ou retour à des comportements
ou sentiments d'un jeune âge ou d'un âge lié à une perte antérieure ou aux réactions survenues jusque-là.

Sentiment d'impuissance et dépression, confiance ou désespoir, soulagement.

Diminution de la douleur et plus forte capacité de confronter la perte.

Obsession à trouver une valeur à la perte.

Former des pensées liées à une nouvelle existence sans l'objet de la perte.

Étape 3. Intégration de la perte et de l'affliction.

Si la conclusion est favorable :

> acceptation de la réalité de la perte et retour du bien-être physique et psychologique, intensité et fréquence des pleurs réduites, estime de soi retrouvée, focalisation sur le présent et l'avenir, capacité nouvelle d'apprécier la vie, plaisir issu de la conscience de la croissance tirée de l'expérience, réorganisation d'une nouvelle identité en contemplant la perte avec compassion plutôt qu'avec la douleur ressentie auparavant.

Si la conclusion est défavorable :

> acceptation de la réalité de la perte avec une impression de dépression latente et de douleurs physiques, baisse de l'estime de soi, réorganisation d'une nouvelle identité avec constriction de la personnalité et vulnérabilité envers d'autres séparations et pertes (Simos, 1979).

On établit plus facilement le concept du processus d'affliction en le scindant en étapes elles-mêmes subdivisées. Toutefois, les parties ne sont pas séquentielles, c'est-à-dire qu'elles ne se succèdent pas selon un ordre donné. Plutôt, elles peuvent se superposer, se chevaucher, se mouvoir dans tous les sens par rapport aux manifestions précitées.

Diane, 28 ans, avait grandi dans une famille brutale et minée par l'alcoolisme. Elle-même était devenue alcoolique vers la fin de son adolescence; elle cessa de boire à 24 ans et entreprit une cure de désintoxication. Pendant deux ans, elle avait fréquenté notre groupe de thérapie rassemblant des adultes-enfants d'alcooliques et d'autres familles troublées, et avait fait des progrès considérables. Lorsqu'elle rompit avec son amoureux, elle confia au groupe : «J'ai très mal. Je suis au bout de ma douleur, ce vide est si douloureux! J'ai rompu avec mon amoureux il y a deux semaines. Cette semaine, je me suis mise à pleurer sans pouvoir m'arrêter. Je me rends compte que la rupture n'est pas ce qui me fait si mal. C'est plutôt la perte de la petite fille au-dedans de moi. Chaque soir je rentre chez moi et je m'endors à force de pleurer.» Elle sanglota un peu, avant d'ajouter : «J'ai peine à croire que cette petite fille fut si mal traitée! C'est pourtant la vérité.»

En commençant à s'affliger d'une perte – sa relation amoureuse – Diane a déclenché le processus d'affliction d'une autre perte : les mauvais traitements infligés à son Enfant intérieur. Cela illustre bien que pleurer un chagrin n'est pas si simple qu'on le pense. Diane avait pleuré la perte de son Enfant intérieur voilà longtemps, mais de façon incomplète : elle fréquentait à répétition des hommes qui la malmenaient, elle n'avait pas confiance en son tuteur des A.A., pas plus qu'au groupe de thérapie qu'elle fréquentait, du moins au cours de la première année. Peu à peu, elle courut le risque de raconter son histoire. Elle commence maintenant à se libérer des méandres de son Moi co-dépendant et de sa compulsion répétitive, et entreprend le rétablissement de son Enfant intérieur.

En travaillant sur la douleur inhérente à nos afflictions, nous vivons nos émotions telles qu'elles surgissent, sans rien y changer. L'affliction est donc une tâche active. Il s'agit d'un travail mental et émotif, exhaustif et épuisant (Simos, 1979). Cela est tellement souffrant que nous tentons d'éviter la douleur pourtant inhérente à la démarche. Voici quelques manières par lesquelles nous tentons d'éviter de nous affliger :

- continuer à dénier la perte;
- intellectualiser ce qui s'est produit;
- réprimer ses sentiments;
- se montrer fort dans l'adversité;

- consommer de l'alcool ou des stupéfiants;
- prolonger la tentative de récupérer l'objet perdu.

Pareilles méthodes procurent bien sûr un soulagement temporaire, mais éviter de ressentir l'affliction ne fait que prolonger la douleur. En bout de ligne, on consume autant d'énergie à tenter d'éviter la douleur que si on l'avait confrontée pour s'en affliger jusqu'au bout. En ressentant une chose, on affaiblit le pouvoir qu'elle exerce sur soi.

En entreprenant le rétablissement de l'Enfant intérieur, on risque de se rendre compte que l'on a tenté d'éviter l'affliction inhérente aux pertes et traumatismes survenus voilà longtemps. Pourtant, l'incapacité de s'affliger a entretenu la souffrance et la douleur. Pour certains, le temps est maintenant venu de franchir les étapes de l'affliction et d'aller jusqu'au bout des chagrins.

Plusieurs méthodes permettent de ressentir et de vivre ses sentiments à mesure qu'ils montent en soi. Sous la rubrique «Identifier ses pertes», j'ai dressé la liste de plusieurs techniques basées sur l'expérience. Les deux premières sont celles auxquelles nous avons le plus facilement accès : risquer, partager et raconter son histoire à des proches auprès de qui on se sent en sécurité.

Chapitre 12

S'affliger jusqu'au bout : risquer, partager, témoigner

RISQUER

Risquer, c'est se révéler, dévoiler son Enfant intérieur, son Moi véritable. On court une chance, on devient vulnérable. Lorsqu'on agit ainsi, on s'expose à deux éventualités, c'est-à-dire l'acceptation ou le rejet. Quelle que soit la nature du risque encouru, le rejet ou l'acceptation sont les deux issues possibles.

Nombre d'entre nous ont été profondément blessés à la suite d'un risque encouru, que ce soit durant l'enfance, l'adolescence ou l'âge adulte, et sont rebutés à l'idée de risquer et de partager leur Moi véritable avec leur entourage. Un dilemme se présente alors : en réprimant ses sentiments, ses pensées, ses préoccupations et sa créativité, l'Enfant intérieur étouffe et la souffrance s'installe. L'énergie ainsi retenue s'accumule tant et tant que la seule manière de la laisser s'échapper peut être de s'ouvrir à quelqu'un. Voilà qui a fait le malheur d'un grand nombre parmi ceux qui ont grandi dans une famille dysfonctionnelle. En raison de nombreux facteurs, notamment la soif d'approbation, de validation, d'intimité et d'enthousiasme, on peut choisir un être qui n'offre pas le soutien et la sécurité nécessaires. Il peut bien sûr nous rejeter ou nous trahir de quelque manière, ce qui viendra confirmer notre répugnance à courir ce risque. Alors on retient tous ses sentiments et le cycle se poursuit. Cependant, il faut s'ouvrir aux autres si l'Enfant intérieur doit se rétablir. Alors, où commencer?

Il faut éviter de laisser émerger de façon impulsive et hasardeuse les émotions contenues. Il vaut mieux procéder une étape à la fois, choisir un ami en qui on a confiance, un conseiller, un thérapeute, un tuteur ou un groupe de thérapie. On commence par courir un léger risque; on suit le modèle alternant «partage et vérification» dont nous avons déjà parlé (Gravitz, Bowden, 1985). Si cela fonctionne, on partage davantage, etc.

Le risque et le partage touchent plusieurs questions fondamentales, dont la confiance, le contrôle, les sentiments, la peur de l'abandon, la pensée et les comportements extrémistes, ainsi qu'une grande tolérance envers les comportements inconvenants. Lorsque surgit l'une de ces questions fondamentales, il est utile d'en parler à quelqu'un auprès de qui on se sent en sécurité.

À mesure que l'on ose risquer, on en vient à pouvoir raconter sa propre histoire.

LE TÉMOIGNAGE

Confier ses souvenirs est un acte déterminant dans la découverte et le rétablissement de l'Enfant intérieur. Il s'agit de la base du rétablissement dans les groupes d'auto-assistance, de thérapie collective, pour la psychothérapie individuelle et l'orientation. Je décris quelques-unes des dynamiques du témoignage personnel dans mon ouvrage intitulé : *Alcoholism and Spirituality*.

Un témoignage complet réunit trois constituants de base : la séparation, l'initiation et le retour (Campbell, 1949). Les groupes d'auto-assistance en douze étapes abordent le témoignage en fonction de ce que l'individu était, ce qui lui est arrivé et ce qu'il est à présent. Les participants à une thérapie collective parlent de risque, de partage, de participation et de travail en équipe. En psychothérapie individuelle, on emploie les mêmes termes, alors que les psychanalystes parlent de libre association, de travail par le biais du transfert et des conflits intérieurs irrésolus. Entre intimes, on parle de se livrer à cœur ouvert.

En faisant un témoignage personnel, il faut savoir que les ragots et la médisance nuisent au rétablissement. Les ragots sont plutôt des attaques que des révélations de soi, ils sont en général incomplets et calqués sur les cycles de la victime. Aussi, ruminer sa douleur équivaut à la prolonger au-delà de la durée d'un deuil sainement achevé. Il y a ici un danger dont on peut se rendre compte dans les réunions de groupes d'auto-assistance : lorsqu'un participant tente de confier un problème qui n'a pas de solution apparente ou immédiate, les autres peuvent y voir de l'apitoiement. En ce cas, la personne affligée devrait chercher un autre auditoire devant qui confier ses chagrins.

Simos (1979) a dit : «Le travail d'affliction doit être partagé. Lors du partage, toutefois, on ne doit pas faire preuve d'impatience, censurer ou s'ennuyer à cause des répétitions, car celles-ci sont nécessaires pour la catharsis et l'intériorisation, et l'éventuelle acceptation inconsciente de la réalité de la perte. La personne affligée est sensible aux sentiments des autres et cherchera, en plus de réfréner ses propres confidences, à consoler ceux qui l'écoutent.»

Le témoignage que l'on apporte n'est pas nécessairement une longue histoire de beuverie. Témoigner, c'est raconter l'essentiel, ce qui importe, est significatif, confus, contradictoire ou pénible. On risque, on partage, on agit en réciprocité, on découvre, etc. Et, ce faisant, on se rétablit. En écoutant les confidences des autres, en racontant sa propre histoire, non seulement entend-on les révélations d'autrui, mais on entend également les siennes. On part bien sûr avec une idée de ce que l'on racontera, mais immanquablement le résultat diffère de cette prédiction.

Le schéma 2 illustre ce témoignage personnel. Partant du point marqué «contentement», on peut oublier que l'on est un protagoniste de l'histoire. Éventuellement, dans la vie quotidienne, on connaît une perte, qu'elle soit réelle ou anticipée. On peut alors passer à l'affliction et à la croissance. Le schéma 2 résume la douleur initiale de l'affliction par le mot «souffrance». Lorsqu'on ressent la souffrance, on devient souvent colérique.

À cet important moment, on a la possibilité de devenir conscient de la perte ou du bouleversement dont on souffre. Alors peut-on s'engager à confronter la douleur et l'affliction. On peut dire de ce cycle du témoignage qu'il est complet. On peut également demeurer inconscient de la possibilité qui s'offre de travailler sur la perte ou le bouleversement. On accumule alors du ressentiment ou on se jette le blâme, ce qui entraîne des maladies apparentées au stress, des souffrances prolongées, que l'on se serait épargnées si on avait confronté l'affliction. Il s'agit du cycle dit de la victime.

Si on s'engage à travailler sur ses souffrances et son affliction, on commence alors à partager, à respirer, à participer et à ressentir sa douleur. On peut avoir besoin de raconter ainsi son histoire périodiquement pendant plusieurs

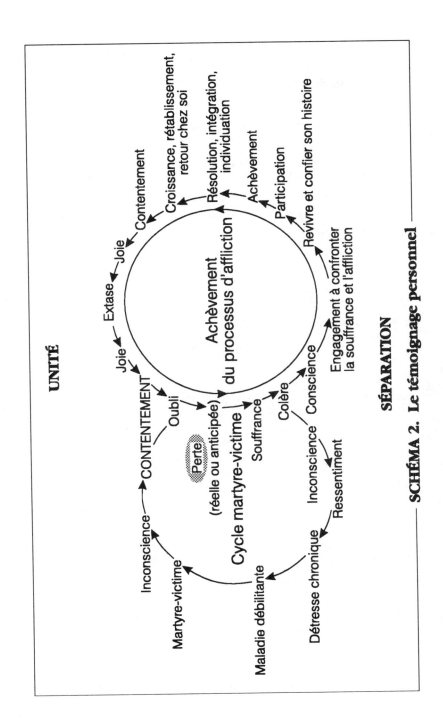

UNITÉ

SÉPARATION

SCHÉMA 2. Le témoignage personnel

Croissance, rétablissement, retour chez soi

Résolution, intégration, individuation

Achèvement

Participation

Revivre et confier son histoire

Engagement à confronter la souffrance et l'affliction

Contentement

Joie

Extase

Joie

Achèvement du processus d'affliction

Conscience

Inconscience

Ressentiment

Détresse chronique

Joie

Oubli

CONTENTEMENT

Colère

Souffrance

Perte (réelle ou anticipée)

Cycle martyre-victime

Inconscience

Martyre-victime

Maladie débilitante

143

heures, plusieurs jours, des semaines, voire des mois, avant de pouvoir la compléter. Il faudra peut-être la raconter sous tous ses angles, en rêver ou la raconter de nouveau.

Cette étape est certes douloureuse, mais elle permet de s'affranchir du bouleversement, du conflit intérieur, de la douleur. Le conflit est maintenant résolu et intégré. On en a tiré une leçon. L'enfant intérieur est cicatrisé et on peut alors croître. Surtout, on peut réinvestir son Enfant intérieur, notre état naturel, et connaître son contentement, sa joie et sa créativité.

Cependant, il peut s'avérer difficile de s'aventurer dans les confidences. On peut avoir de la difficulté à exprimer les sentiments qui gravitent autour du propos. La colère est probablement le sentiment le plus difficilement identifiable et dont on parle avec le plus de peine.

La colère est un composant majeur de l'affliction et du rétablissement de l'Enfant intérieur.

LA COLÈRE

La colère compte parmi nos émotions les plus communes et les plus importantes. À l'instar des autres émotions, elle indique ce vers quoi il faudrait se tourner.

Les personnes ayant grandi dans une famille troublée ne se rendent pas souvent compte à quel point elles sont fâchées et ignorent à quel point il importe de reconnaître et d'exprimer ce sentiment, même si le traumatisme initial remonte à longtemps. Durant l'enfance et l'adolescence, elles furent victimes de mauvais traitements d'ordres divers, parfois subtils. Ainsi qu'il en fut question au neuvième chapitre, souvent les enfants et les adultes ne se rendent pas compte qu'ils furent victimes de mauvais traitements.

Dénués de tout point de comparaison à partir duquel juger de la réalité, ils estiment que le traitement qui leur fut réservé – s'il n'est pas encore le leur – n'est en rien répréhensible. Ou alors ils croient avoir mérité leurs sévices.

Entendant le témoignage d'autrui lors d'une thérapie collective, on apprend peu à peu en quoi consiste un mauvais traitement, un délit sexuel ou la négligence. Que l'on fasse une thérapie individuelle ou collective, on apprend à aiguiser la conscience de ses sentiments, à les exprimer, ce qui s'avère un net avantage si l'on souhaite connaître une existence paisible et heureuse. À mesure que l'on découvre en quoi on fut maltraité, on entreprend le processus libérateur de l'affliction et du deuil. Prendre conscience de sa colère et l'exprimer est une composante majeure du processus d'affliction.

Parmi les quelques carences des groupes d'auto-assistance, on compte la crainte dissimulée des sentiments et des émotions, en particulier les émotions empreintes de douleur. On y préconise qu'il ne faut pas trop être affamé, trop colérique, trop solitaire et trop fatigué. Quelqu'un qui vient d'entreprendre son rétablissement peut interpréter cette mise en garde comme une incitation à la retenue, plutôt que d'en saisir la véritable signification, soit : «Occupe-toi de toi-même afin de ne pas être submergé par ces émotions.»

Nombre de personnes en cours de rétablissement craignent d'exprimer leur colère. Elles ont peur de perdre leur maîtrise de soi si elles deviennent colériques. Alors elles pourraient blesser quelqu'un ou elles-mêmes, ou un incident déplorable pourrait survenir. En creusant plus profondément, elles se rendraient compte qu'il ne s'agit pas de colère mais de rage. Ressentir la rage fait peur. Il est normal d'avoir peur d'exprimer pleinement sa colère.

La colère est souvent accompagnée de symptômes nerveux ou somatiques, tels le tremblement, la panique, la perte de l'appétit, parfois l'excitation. Il peut être libérateur de ressentir et d'exprimer sa colère. Pourtant, au sein d'une famille dysfonctionnelle, l'expression saine de la colère et des émotions est découragée, souvent même défendue.

Durant l'enfance, l'adolescence ou à l'âge adulte, lorsqu'on essuie une perte (qu'elle soit réelle ou anticipée) on réagit fondamentalement par la peur et la douleur. Cependant, dans un cadre qui interdit d'exprimer toute émotion, on se sent responsable d'avoir causé cette perte ou ce traumatisme. On en ressent de la honte et de la culpabilité. Mais on ne peut les exprimer ouvertement. Cela peut exacerber le sentiment colérique, que l'on tente à nouveau d'exprimer mais en vain, et le cycle se poursuit! À la suite de la répression répétée des sentiments, l'Enfant intérieur se sent seul et confus, triste et honteux, vide. Ces sentiments douloureux s'accumulent jusqu'à devenir intolérables. Dénué de toute possibilité de les étaler au grand jour, on n'a d'autre choix que de les bloquer tant bien que mal et de sombrer dans la torpeur.

Pourtant quatre autres choix s'offrent alors, que l'on apprend en vieillissant : (a) les retenir jusqu'au seuil de l'intolérable; (b) devant l'incapacité de les faire surgir, on devient malade physiquement ou émotivement, et on finit par exploser; (c) dissimuler la douleur grâce à l'alcool ou aux stupéfiants; (d) exprimer la douleur et passer au travers en compagnie de gens auprès de qui on se sent en sécurité.

En général, il n'est pas longtemps utile de dissimuler la douleur sous les vapeurs de l'alcool ou des drogues (qu'elles soient prescrites ou non par un médecin); cela peut s'avérer dangereux, surtout pour l'enfant d'un parent ou grand-parent alcoolique, à cause des risques de transmission d'une dépendance qui prévalent au sein de telles familles. Cela bloque, ou du moins ralentit, le processus d'affliction normale qui s'accomplit sainement. Plusieurs souffrant d'une douleur et criant au secours ont reçu des pilules pour tromper leur mal, plutôt que les conseils afférents au processus d'affliction et l'encouragement nécessaire pour passer au travers.

Les familles perturbées offrent souvent en modèle la répression de la douleur jusqu'à un seuil intolérable, pour la voir exploser. Cela est certes plus utile que boire, se droguer ou se laisser engourdir, mais n'agit pas comme d'étaler sa peine sur le moment, au grand jour, en compagnie de proches auprès de qui on se sent en sécurité.

PROTÉGER SES PARENTS :
UNE ENTRAVE À L'AFFLICTION

Dans le chapitre précédent, j'ai énuméré six manières auxquelles on a recours pour éviter la douleur de l'affliction : en déniant la perte, en l'intellectualisant, en réprimant ses émotions, en étant macho, en consommant de l'alcool ou des stupéfiants et en tentant pendant longtemps de retrouver l'objet de sa perte.

Poursuivant cet énoncé sur la colère, nous pouvons parler d'un autre blocage inhérent à l'affliction : le désir de vouloir préserver de la colère ressentie ses parents et toute personne faisant figure d'autorité. Pendant que se déroule le processus d'affliction, à mesure que l'on découvre son Enfant intérieur, on peut craindre ou appréhender de soulever la colère des parents, ce qui n'est pas souhaitable sur le plan éthique. Cette appréhension est peut-être liée à la règle du silence («Ne dis rien, ne fais confiance à personne et ne ressent rien») dont il est question dans ce livre et ailleurs (Black, 1981). Au tableau 12, j'énumère neuf manières par lesquelles les enfants et les adultes cherchent à protéger leurs parents de leur colère.

La dénégation catégorique constitue le premier recours. On prétend que son enfance fut heureuse, normale. Pourtant plusieurs adultes-enfants d'alcooliques issus d'une famille dysfonctionnelle ne peuvent se souvenir de près de 75 pour cent de leurs expériences infantiles, tant leurs traumatismes furent graves. Mon expérience clinique m'a cependant appris que la plupart des adultes-enfants peuvent passer au travers du déni et peu à peu révéler leurs traumatismes ou pertes non pleurées, pour en triompher. Écouter les témoignages de ses congénères en thérapie collective, durant les réunions de groupes d'auto-assistance aide à reconnaître et à identifier ce qui est survenu durant sa propre enfance. On peut alors mobiliser son énergie autour de l'affliction, qui comprend l'éclatement de la colère.

La deuxième manière dont on protège ses parents de sa propre colère consiste à adopter une attitude apaisante, par exemple : «Mon enfance n'a pas été particulièrement heureuse, mais mes parents ont agit au meilleur d'eux-mêmes.» Une telle attitude nous détache de nos sentiments; ce type de détachement nous empêche d'entreprendre le travail d'affliction nécessaire afin de nous libérer de la souffrance intérieure.

La troisième manière est basée sur la perception de la perte ou du traumatisme comme s'il s'agit d'un fantasme. Voilà ce qui survient souvent lorsqu'on fait une psychanalyse ou une psychothérapie pour assurer son rétablissement. L'analyste ou le thérapeute peut laisser penser qu'il est impossible de se souvenir du traumatisme dont on a souffert de la manière dont il nous fut imposé;

de là il est possible de croire qu'il s'agit de fabulation. Voilà qui invalide encore une fois la douleur pourtant réelle de l'Enfant intérieur (Miller, 1983). On en finit par conclure que les choses ne sont pas vraiment survenues ainsi.

TABLEAU 12. Démarches et stratégies auxquelles on recourt afin de protéger ses parents (et qui entravent le rétablissement)

Catégorie	Propos fréquents
1. Déni catégorique	«Mon enfance fut heureuse.»
2. Apaisement; détaché des sentiments	«C'est arrivé, mais... ils ont fait de leur mieux.»
3. Fabulation autour de la douleur, du traumatisme	«Ça ne s'est pas vraiment produit de la sorte.»
4. Quatrième commandement	«Dieu sera fâché contre moi. Ce n'est pas juste.»
5. Peur inconsciente du rejet	«Si j'exprime ma colère, ils ne m'aimeront plus.»
6. Peur de l'inconnu	«Un malheur surviendra. Je pourrais faire du mal à quelqu'un, ou on pourrait m'en faire.»
7. Acceptation du blâme	«C'est ma faute.»
8. Pardon accordé aux parents	«Je leur pardonne.» ou «Je leur ai déjà pardonné.»
9. Attaquer celui qui conseille d'entreprendre une thérapie	«Tu as tort de me conseiller d'exprimer ma douleur et ma rage, et de laisser sous-entendre que mes parents ont eu tort.»

Quelle que soit la méthode ou la thérapie employée, on peut nous exhorter à admettre que nos peurs sont sans fondement, que la méfiance n'est plus nécessaire et que notre besoin d'être accepté est depuis longtemps comblé par le thérapeute, le conseiller ou le groupe de thérapie.

On peut également s'entendre dire que l'on aime et déteste ses parents tout à la fois, et que le tort qu'ils nous ont fait trouve sa source dans l'amour. Miller (1984) dit : «Le patient adulte sait cela, mais il est heureux de l'entendre de nouveau parce que cela l'aide à dénier, pacifier et maîtriser son Enfant intérieur qui vient de commencer à pleurer. De cette manière, le thérapeute, le groupe ou le patient lui-même tentera de convaincre l'Enfant intérieur de la sottise de ses émotions parce qu'elles ne conviennent plus à la présente situation (quoiqu'elles soient intenses); un processus qui aurait produit d'excellents résultats sera sapé par une méthode de traitement qui n'offre aucun soutien à l'enfant colérique.» Afin de se libérer des mauvais traitements, il faut en général se fâcher.

La quatrième manière de bloquer sa colère vient du quatrième commandement de Dieu qui ordonne : «Honore ton père et ta mère, afin que tes jours se prolongent sur la terre que te donne le SEIGNEUR ton Dieu» (Exode, 20:12). Il est difficile de déchiffrer et d'interpréter exactement ce que signifie le verbe «honorer» dans ce contexte. Au fil des siècles, les parents l'ont interprété en leur faveur comme un signal de répression de l'enfant; il ne faut pas répliquer devant ses parents, ils ont le dernier mot. De là à croire que Dieu nous punira si on se fâche contre ses parents, il n'y a qu'un pas. La majorité des religions importantes à l'échelle mondiale émettent des exhortations similaires, qui ont tendance à réprimer l'Enfant intérieur et l'aptitude pour la véracité.

La cinquième façon d'éviter la colère et l'affliction en protégeant ses parents repose sur la crainte du rejet dont on pourrait faire l'objet. On peut craindre qu'ils ne nous aiment plus ou qu'ils nous traiteront à nouveau comme un mauvais garnement. Il s'agit d'une crainte véritable qui a besoin d'être exprimée lorsqu'elle se révèle à la conscience.

En sixième lieu, on craint l'inconnu comme on craint d'exprimer ses sentiments. On peut alors s'attendre au pire, craindre de blesser quelqu'un ou d'être blessé. Il s'agit d'une autre peur véritable que l'on devra exprimer en cours de rétablissement. En septième lieu, on peut aussi se jeter le blâme et se percevoir comme un mauvais enfant.

Plusieurs évitent leur colère et leur affliction en pardonnant à leurs parents (huitième manière). Partant du principe que le pardon est plus facile, on se dit : «Je vais leur pardonner.» Toutefois, ce qui atrophie plus encore le Moi véritable c'est de s'avouer qu'on a déjà pardonné. La plupart de ceux qui optent pour ce choix n'ont pas véritablement pardonné, d'autant que le pardon est un processus analogue à celui de l'affliction.

La dernière méthode de protection des parents consiste à attaquer celui qui nous conseille d'entreprendre une thérapie, en particulier si elle vise l'expression de la colère ou du blâme à l'endroit des parents. On peut s'insurger du fait qu'on soulève l'idée que nos parents aient mal fait.

Ces différentes manières servent à protéger nos parents de nos douleurs, notre colère et notre rage. Ce faisant, on réprime davantage le Moi véritable et on compromet le rétablissement des douleurs inutiles. Cependant, nous sommes maintenant détenteurs de la connaissance de ces mêmes blocages. Dorénavant, lorsque nous tenterons d'y recourir, même inconsciemment, nous pourrons les relâcher au moment où nous en serons prêts.

L'expression de la colère

Nous apprenons qu'en rétablissant l'Enfant intérieur il est souhaitable et sain de prendre conscience de sa colère et de l'exprimer. Mais comment l'exprimer? Et à qui s'en ouvrir?

On se rend compte qu'il existe des gens qui sont capables d'entendre notre colère et qui peuvent nous aider à la traiter. Il s'agit des proches auprès de qui on se sent en confiance dont j'ai souvent parlé, soit les thérapeutes, les conseillers, les tuteurs, les groupes de thérapie et d'auto-assistance, ainsi que les amis qui ont notre confiance. À l'opposé, d'autres sont incapables d'écouter et de tolérer de tels propos. Il peut s'agir des parents ou de personnes nous rappelant nos parents. Si l'on s'ouvre sans détour à ses parents ou à ces gens, il y a fort à parier que le rétablissement restera inachevé. Ces personnes risquent de ne pas comprendre ce que l'on tente d'exprimer ou de faire. Elles peuvent aussi rejeter nos propos, le risque que l'on court de s'en ouvrir, et alors on se sent confus, blessé et de nouveau impuissant. Avouer sa colère à ces personnes serait certes bienfaisant si la chose était possible, mais il vaut mieux s'en abstenir. L'aventure pourrait s'avérer autodestructrice. Étant donné qu'eux-mêmes n'ont pas rétabli leur Enfant intérieur, ils sont incapables de participer à un processus de rétablissement intérieur qui soit sûr et positif. Cependant, nous pouvons apprendre à établir des limites de sorte que ces individus ne continuent pas à nous malmener. Il faut établir ses propres limites avec fermeté et amour, non pas avec agressivité, plutôt avec affirmation de soi.

Il faudra bien sûr en venir à faire la paix et à pardonner à nos parents et à ceux qui nous ont malmenés, mais il importe de ne pas précipiter la chose. Certains thérapeutes font de la réconciliation avec les parents un objectif immédiat ou ultime de la thérapie; mais les efforts prématurés en ce sens peuvent nuire à la découverte et au rétablissement de l'Enfant intérieur. Il vaut mieux prendre son temps.

On pourra mettre beaucoup de temps à découvrir et rétablir son Enfant intérieur, cela ne signifie pas que l'on pardonnera pour autant à ses parents. On peut se rendre compte que l'on ne changera rien, qu'ils sont comme ils sont et que, quoique l'on fasse, ils resteront tels. Alors il faut laisser tomber.

Lorsque la compagnie des parents est toxique – par exemple un alcoolique actif, une personne violente ou agressive – il peut être bénéfique de s'en séparer pendant quelques mois ou quelques années. Une telle période de séparation ou de «détoxication» fournit la paix intérieure propice à la découverte et au rétablissement de l'Enfant intérieur.

Autres principes

Plus on est blessé par l'objet d'une perte ou par l'événement dont on s'afflige, plus on est habité par la colère. Même si la relation avec l'objet de la perte était relativement salutaire, on peut toujours s'emporter contre lui sous prétexte qu'il nous a laissé impuissant et démuni. On peut aussi de fâcher contre les autres, notamment ceux dont on pense qu'ils sont responsables de cette perte et ceux qui ne souffrent pas autant que nous-mêmes. Enfin, on peut s'élever contre le fait de devoir débourser de sa poche pour une consultation ou une thérapie, ou même se fâcher contre son thérapeute qui nous incite à confronter notre affliction.

Éventuellement, lorsqu'on a passé au travers de son affliction, on se libère de sa colère et de sa souffrance. On a atteint le seuil de saturation.

Chapitre 13

La transformation

Par le biais de diverses méthodes, notamment la véracité, le reflet de soi, la thérapie collective, les groupes d'auto-assistance et l'orientation, un grand nombre parvient à transformer sa vie, à devenir plus libre, plus complet, plus satisfait.

La transformation est un changement de la forme, une restructuration. En bout de ligne, cela consiste à modifier sa façon de vivre, non plus pour arriver à quelque chose, mais plutôt pour exprimer son essence (Leonard, 1973; Erhard, 1984). En se transformant, on modifie sa conscience. On passe d'un domaine du réel à un autre. Par le truchement d'un tel changement, l'être croît et accède à des niveaux supérieurs plus créateurs, plus paisibles et plus puissants. Tout en expérimentant une puissance personnelle, des possibilités et des choix accrus, l'être commence à assumer une plus grande part de responsabilité face à sa propre existence (Whitfield, 1985).

Au cours du stade de transformation du processus de rétablissement, on tente d'*exposer* les parties vulnérables de son Enfant intérieur et, paradoxalement, en même temps on réclame la puissance innée présente en cet

Enfant (George, Richo, 1986). On transforme les éléments contraignants et souvent dysfonctionnels de son existence en constituants plus positifs et fonctionnels. Par exemple, lorsqu'on identifie, que l'on dissèque et que l'on modifie les questions touchant aux fondements de l'être, on peut procéder à quelques-unes des transformations suivantes :

Questions fondamentales	Transformations
S'affliger pour des choses passées et actuelles	S'affliger des pertes actuelles
Difficulté avec le réel	Être vrai
Négliger ses besoins	Satisfaire ses besoins
Être exagérément responsable face aux autres	Être responsable des autres, avec des bornes personnelles tracées
Piètre estime de soi	Meilleure estime de soi
Contrôle	Prendre ses responsabilités, tout en renonçant au contrôle
Comportement excessif (noir ou blanc)	Se libérer de pareils excès
Difficulté à accorder sa confiance	Faire confiance avec discernement
Difficulté avec ses sentiments	Observer et employer ses sentiments
Grande tolérance envers des comportements inconvenants	Savoir ce qui est convenable et, dans le doute, demander à un proche en qui on a confiance
Peur de l'abandon	Se libérer de la peur de l'abandon
Difficulté à résoudre des conflits	Résoudre les conflits
Difficulté à recevoir et à rendre l'amour	S'aimer soi-même, aimer autrui et la Puissance suprême

Il n'est pas nécessairement facile d'accomplir de tels changements. Il faut cependant s'y risquer et se confier à des proches en qui on a confiance. Cependant, le processus de transformation ne s'accomplit pas du jour au lendemain; plutôt on doit suivre certaines étapes spécifiques afin de modifier sa façon de vivre.

La meilleure manière consiste à travailler sur une seule question à la fois, qui nous inquiète ou qui surgit subrepticement. Gravitz et Bowden parlent d'établir un plan d'action en divisant le problème en plusieurs composants. La tableau 13 présente sous forme résumée certaines étapes du processus de transformation.

Joanne, 33 ans, cherchait à résoudre la négligence qu'elle entretenait par rapport à ses besoins personnels. D'aussi loin qu'elle se souvînt, elle avait toujours axé ses efforts sur les besoins d'autrui au détriment des siens. Elle avait institué un schème de comportement en fonction duquel elle s'associait à des individus nécessiteux qui lui servaient à canaliser son action vers autrui. Durant la thérapie collective, elle avoua : «Jusqu'à aujourd'hui, je n'ai jamais reconnu que j'ai des besoins. Cette idée m'était étrangère. Mais je commence à la cerner. Le besoin sur lequel je m'attarde en ce moment concerne l'agrément et la détente. Il peut sembler ironique de parler ici de *travail* sur cette question, mais c'est pourtant ce que je fais. Je suis toujours si sérieuse que j'ignore ce que c'est que de m'amuser sans retenue. Je pense que je n'ai pas su être une enfant et m'amuser alors que j'en avais l'âge. J'ai été extrêmement responsable. Ma conseillère m'a demandé de consacrer une demi-heure par jour à la détente et au plaisir. Elle veut que je m'y attarde pendant une heure le samedi et le dimanche. Je ne sais pas si j'y parviendrai. Mais j'essaie. Après la première tentative, j'ai passé outre pendant les cinq jours qui ont suivi. Je m'aperçois que je résiste.»

TABLEAU 13

Quelques étapes de la transformation et de l'intégration des questions fondamentales liées au rétablissement de l'Enfant intérieur

Questions fondamentales	Prémisse	Moyen	Avancé	Une fois rétabli
1. Affliction	Identifier ses pertes	Apprendre à s'affliger	S'affliger	S'affliger des pertes actuelles
2. Être réel	Identifier son Moi véritable	Pratiquer la véracité		Être vrai
3. Négliger ses propres besoins	Se rendre compte que l'on a des besoins	Identifier ses besoins	Commencer à combler ses besoins	Combler ses besoins
4. Être exagérément responsable face aux autres, etc.	Délimiter ses bornes personnelles	Éclaircir les bornes personnelles	Apprendre à établir des bornes	Être responsable de soi, avec des bornes précises
5. Piètre estime de soi	Identifier	Partager	S'affirmer	Meilleure estime de soi
6. Contrôle	Identifier	Commencer à lâcher prise	Assumer des responsabilités	Prendre ses responsabilités tout en lâchant prise
7. Comportement excessif	Reconnaître et identifier	Apprendre les deux, faire des choix	Se libérer	Se libérer des choix basés sur l'excès
8. Confiance	Se rendre compte du bien-fondé de la confiance	Accorder sa confiance sélectivement	Apprendre à faire confiance aux bonnes personnes	Accorder à juste titre sa confiance
9. Sentiment	Reconnaître et identifier	Expérimenter	Y recourir	Observer et recourir aux sentiments
10. Grande tolérance face à une comportement inconvenant	Remettre en question ce qui convient et ne convient pas	Apprendre ce qui convient et ne convient pas	Apprendre à définir des limites	Savoir ce qui convient ou, dans la négative, demander à une personne sûre
11. Peur de l'abandon	Se rendre compte que l'on a été abandonné ou négligé	En parler	S'affliger de l'abandon	Se libérer de la peur de l'abandon
12. Éprouve du mal à confronter et à résoudre les conflits	Reconnaître et risquer	Pratiquer l'expression de ses sentiments	Résoudre les conflits	Travailler aux conflits actuels
13. Difficulté à recevoir				
14. et à rendre l'amour	Définir l'amour	Pratiquer l'amour	Pardonner et affiner	S'aimer, aimer autrui et la Puissance suprême

158

En subdivisant en deux parties le processus de satisfaction des besoins – soit se rendre compte que l'on en éprouve, puis commencer à les identifier – on commence à travailler sur la négligence de ses besoins fondamentaux. Il faudra probablement consacrer plusieurs mois au seul accomplissement de cette étape; éventuellement, on commence à satisfaire au moins un de ses besoins de façon régulière. Grâce à une conscience plus affinée, au travail continu et à l'attention que l'on porte à ses besoins, on aura suffisamment transformé sa vie de sorte que les besoins soient la plupart du temps comblés.

Une fois révélée la conscience des questions liées aux fondements de l'être, on peut y travailler. Fort de cette nouvelle conscience, on agit en fonction de ses expériences et on appelle les choses par leur nom. On apprend à faire confiance à son propre système de surveillance intérieure, c'est-à-dire les sens et les réactions. Ignorer et négliger cette composante essentielle de soi appartient désormais au passé. On s'ouvre à ses sentiments, ses sens, ses réactions, qui tous participent au Moi véritable.

Lorsque la chose s'avère utile, on a recours au processus alternant «partage et vérification» dont on a parlé précédemment (Gravitz, Bowden, 1985). On se confie par bribes, puis on attend la réaction de son confident. Si on s'aperçoit qu'il écoute attentivement, qu'il est sincère et qu'on ne sera pas l'objet d'une trahison ou d'un rejet, on peut alors s'ouvrir davantage à la confidence, puis procéder à une nouvelle vérification.

NE PLUS ÊTRE VICTIME

On commence alors à voir les liens entre ce que l'on fait actuellement et ce qui s'est produit durant la petite enfance. À mesure que progresse le témoignage, on se libère des entraves de la victime ou du martyr, de la compulsion répétitive.

Richard, 42 ans, était un homme d'affaires prospère père de trois enfants. Il avait épousé deux femmes qui s'étaient avérées alcooliques; à ce moment, il était en instance de divorce d'avec sa seconde épouse.

«Jusqu'à présent, je ne m'étais jamais rendu compte de mes actes. Grâce à mon conseiller et à ce groupe, j'ai mis à jour un mode de comportement qui me causait du tort. Ma mère était alcoolique, quoique je feignais ne pas le savoir, et jamais je n'avais admis la chose jusqu'à ce jour. Je suppose que je n'ai jamais pu lui venir en aide; alors il me restait à trouver une femmes auprès de qui je serais utile. Mais je n'ai pu être utile à aucune d'elles. Al-Anon et ce groupe de thérapie m'ont aidé à voir cela. Mes yeux sont maintenant ouverts et je tente de ne pas répéter mes erreurs passées. Désormais, je me sens beaucoup mieux.»

Richard a transformé une partie de sa vie, la manière dont il raconte et vit sa propre histoire. Il a transformé sa conscience, ses actes et son comportement. Le témoignage dont il nous fait part à présent parle d'une ancienne victime qui agissait inconsciemment de manière compulsive et répétitive, qui est soudain devenue consciente de ses sentiments et de ses gestes. Il a maintenant franchi le cycle du martyr-victime et se trouve dans celui du héros. La liste de la page suivante vous présente quelques descriptions de certains composants des deux extrémités de la trajectoire de la transformation.

Cycle du martyr-victime	Cycle du héros, de l'héroïne
Faux Moi	Moi véritable
Contraction du Soi	Développement personnel
Hier et aujourd'hui	Le moment présent
Expériences inachevées	Expériences achevées et qui s'achèvent
Peu de droits personnels	Nombreux droits personnels
Stagnation, régression	Croissance
Peu de partage	Partage avec discernement
Rien de nouveau	Histoire qui évolue
Répétition compulsive	Témoignage
Impulsif et compulsif	Spontané et fluide
Grande part d'inconscient	Grande part de conscient
Empêtré inconsciemment	Progressivement conscient de devenir et d'être
Aucune convergence	Centre de convergence
Ne suit pas un programme de rétablissement	Suit un programme de rétablissement
Moins ouvert aux commentaires d'autrui	Ouvert aux commentaires de proches sécurisants
Divers degrés d'accoutumances	Travaille sur sa douleur et apprécie la joie
Agit seul	Co-créateur
Souvent grandiloquent	Humble mais confiant
Moins de possibilités et de choix	Davantage de possibilités et de choix
Rêve malheureux	Rêve heureux
Exclut la Puissance suprême	Inclut la Puissance suprême
Maladie	Santé
Malédiction	Don

En cours de rétablissement, les questions liées aux fondements de l'être refont souvent surface et la conscience s'aiguise à mesure que l'on travaille sur elles. Ce faisant, on s'aperçoit qu'elles ne sont pas isolées mais qu'elles agissent réciproquement et qu'elles comprennent souvent d'autres questions fondamentales. Par exemple, la question de la confiance agit réciproquement avec les questions d'excès, de contrôle et de piètre estime de soi, si elles ne les incluent pas.

LÂCHER PRISE, S'EN REMETTRE À QUELQU'UN ET PARDONNER

Un grand nombre s'inscrit à un type de programme de rétablissement visant à surmonter leur alcoolisme, leur accoutumance à une substance chimique, leur co-dépendance, leurs excès de table, leur névrose, etc., participe régulièrement aux rencontres, s'astreint à un travail intensif sur une question précise, sans trouver le bonheur pour autant. Souvent lors d'une rencontre d'auto-assistance basée sur les douze étapes, lorsqu'un participant soulève une question liée à sa famille, sa colère ou sa confusion, le groupe tentera de l'éviter et proposera de s'en remettre à une puissance supérieure, comme si la chose allait de soi!

On ne peut s'en remettre à qui que ce soit sans d'abord identifier l'objet de son tourment. Il faut alors approfondir sa connaissance de cette chose, soit en commençant à revivre le conflit, les sentiments et les frustrations. Il ne s'agit pas de les revivre intellectuellement, mais plutôt émotivement, dans son cœur et ses tripes. On peut faciliter cette expérience en risquant la confidence auprès de proches en qui on a confiance. Plus le mal est profond, qu'il soit passé ou actuel, plus il faudra raconter sa peine et s'affliger des besoins demeurés insatisfaits. Cela peut prendre des semaines, des mois, voire des années de dialogue, de confidences sur ses sentiments et ses blessures les plus profondes.

C'est seulement après avoir identifié sa douleur et l'avoir ressentie jusqu'au bout que l'on peut véritablement entrevoir la *possibilité* qu'un choix s'offre à nous. Ce choix consiste soit à continuer de souffrir, soit à cesser de souffrir par rapport à ce qui nous tourmente ou nous peine. Si l'on choisit de mettre fin à ses souffrances et que l'on se sent vraiment prêt à cela, on peut alors s'en libérer. C'est en général à ce moment que l'on peut s'en remettre à quelqu'un d'autre pour se libérer. Ce processus par étape porte plusieurs appellations, notamment le processus du pardon, du détachement, *decathexis* ou simplement «lâcher prise». On peut ainsi résumer ce processus :

1. Prendre conscience de sa peine ou préoccupation;

2. L'expérimenter, en témoigner;

3. Envisager la possibilité qu'un choix s'offre à nous pour mettre fin à la souffrance, et puis...;

4. S'en libérer.

Afin de rétablir l'Enfant intérieur, il nous faut passer par le processus d'identification et de conscientisation, expérimenter puis lâcher prise. Étant donné que nous sommes nombreux à avoir souffert de pertes non pleurées, il faudra peut-être beaucoup de temps avant de les surmonter. Cela mettra notre patience à l'épreuve. En plaisanterie, certains formulent ainsi la prière de la patience : «Mon Dieu, accordez-moi la patience et accordez-la-moi sur le champ!»

L'AFFIRMATION DE SOI

Au cours du stade de la transformation, on commence à prendre conscience de la différence existant entre être revendicateur et être agressif. Se montrer agressif tient d'un comportement d'attaque – physique, verbale ou non – qui pourra apporter ce qu'on souhaite mais qui laisse souvent les intervenants amers ou fâchés. À l'opposé, se montrer revendicateur contribue à obtenir ce qu'on veut, sans toutefois laisser un goût d'amertume chez aucun des intervenants. En fait, le principal indicateur de la revendication tient du bon sentiment chez les intervenants après une interaction.

Plusieurs enfants issus d'une famille troublée ou dysfonctionnelle apprennent à se montrer agressifs, manipulateurs ou à se retirer. Ils n'obtiennent pas ce dont ils ont besoin ou ce qu'ils souhaitent. Ils ont rarement un modèle de revendication, on ne leur enseigne pas à s'affirmer; donc à l'âge adulte ils adoptent un comportement formé sur l'agressivité, la manipulation, la passivité, la flagornerie ou empruntent un peu à tous ces modèles.

Se montrer revendicateur permet souvent d'obtenir ce qu'on souhaite ou ce dont on a besoin. Cette façon de s'affirmer ne s'apprend pas sans quelque pratique. Je conseille de pratiquer la revendication et l'affirmation de soi en compagnie des proches auprès de qui on se sent en sécurité, en particulier les participants à une thérapie collective. Certaines gens, toutefois, préféreront suivre des cours d'affirmation de soi, que l'on offre à prix abordable dans la plupart des communautés.

Bob, un comptable de 30 ans, se joignit au groupe de thérapie à l'intention des adultes-enfants issus d'une famille perturbée. Il était timide, reclus sur lui-même et silencieux. Peu s'en fallait, il ne parvenait jamais à faire entendre son argument au sein du groupe. L'un de ses camarades, qui avait suivi un cours d'affirmation de soi, lui conseilla d'en faire autant. Après ce cours, Bob est devenu plus actif et expressif tant au sein du groupe qu'à l'extérieur. «J'ai appris à dire ce que je pense», nous a-t-il confié par la suite. «À présent, lorsqu'une chose me déplaît ou que je veux quelque chose, je le dis à haute voix. Cela exige encore de moi un effort, mais je m'oblige à parler après avoir réfléchi à mes propos. Chaque fois que je réussis à m'affirmer, la chose me devient plus facile.»

Lorsqu'on se transforme et qu'on s'affirme, notre entourage peut être quelque peu décontenancé. On peut même tenter de nous faire croire que quelque chose ne va pas car on a tant changé!

Joseph, 52 ans, était marié, père d'un enfant, et avait grandi dans une famille troublée qui ne respectait pas les bornes personnelles. Chacun se mêlait des affaires de l'autre. Son enfance et une grande partie de sa vie adulte s'étaient déroulées dans la confusion, le ressentiment et la tristesse. En cours de rétablissement, il est devenu plus sûr de lui-même. «Dernièrement, quand j'ai tenu tête à mon père qui m'avait malmené, je me sentais fier de moi car je m'affirmais. Par la suite, ma mère qui avait assisté à la scène confia à ma sœur : *Je ne sais pas quelle mouche a piqué Joseph... Il a bien changé. J'ignore ce qui ne tourne pas rond chez lui!* Elle avait dit cela comme si j'étais cinglé. Si je n'avais pu me confier à mon épouse et à ce groupe, je l'aurais probablement cru. Mais je sais que je ne suis pas fou. En réalité, je prends du mieux.»

Joseph connaît une expérience similaire à celle de nombreuses personnes en voie de rétablissement qui prennent soin de leur Enfant intérieur. Souvent les personnes qui nous ont connus dans le passé remarquent le changement qui survient et prennent peur à l'idée de devoir elles aussi changer. La peur latente peut s'accumuler jusqu'au point où, pour y faire face, elles doivent s'en délester sur quelqu'un d'autre, qui s'avère souvent être la personne qui s'est d'abord transformée. Certains voient une menace dans les changements qui surviennent chez leurs congénères.

UNE CHARTE DES DROITS PERSONNELLE

Pendant le stade de transformation, on s'aperçoit peu à peu que l'on a des droits en tant qu'être humain. Enfant ou adulte, on peut avoir été traité comme si on ne jouissait d'aucun ou de peu de droits. Avec le temps, on a fini par se croire titulaire d'aucun droit et on vit depuis dans cette certitude.

À mesure que l'Enfant intérieur prend du mieux, chacun peut se composer une charte des droits personnelle. Lors des thérapies collectives que j'ai dirigées, j'ai demandé aux participants d'écrire leurs droits et de les lire devant les autres. Voici une compilation des droits que plusieurs groupes ont assemblés :

1. Plusieurs choix s'offrent à moi, autre que la simple survie.

2. J'ai le droit de découvrir et de connaître mon Enfant intérieur.

3. J'ai le droit de m'attrister à propos de ce dont j'ai été privé et de ce que j'ai obtenu sans le vouloir.

4. J'ai le droit de me conformer à mes valeurs personnelles.

5. J'ai le droit de reconnaître et d'accepter mon échelle de valeurs personnelles, ainsi qu'il convient.

6. J'ai le droit de refuser quoi que ce soit lorsque je ne m'y sens pas prêt, lorsque je sens qu'il y a danger ou que cela enfreint mes valeurs personnelles.

7. J'ai droit à la dignité et au respect.

8. J'ai le droit de prendre des décisions.

9. J'ai le droit de définir et de respecter mes priorités.

10. J'ai le droit de voir mes besoins et désirs respectés par autrui.

11. J'ai le droit de mettre fin aux conversations avec ceux qui m'humilient et me mésestiment.

12. J'ai le droit de n'être pas responsable du comportement, des actes, des sentiments et des ennuis d'autrui.

13. J'ai le droit de faire des erreurs et de n'être pas sans faille.

14. J'ai le droit de m'attendre à ce qu'autrui soit honnête envers moi.

15. J'ai le droit de ressentir chacun de mes sentiments.

16. J'ai le droit d'être colérique à l'égard de quelqu'un que j'aime.

17. J'ai le droit d'être uniquement moi, sans croire que je suis bon à rien.

18. J'ai le droit d'avoir peur et de l'avouer.

19. J'ai le droit d'expérimenter et de larguer ma peur, ma culpabilité et ma honte.

20. J'ai le droit de prendre des décisions fondées sur mes sentiments, mon jugement ou toute raison que je choisisse.

21. J'ai le droit de changer d'avis en tout temps.

22. J'ai le droit d'être heureux.

23. J'ai droit à la stabilité, c'est-à-dire des relations saines et stables choisies par moi.

24. J'ai droit à mon propre espace et à mon temps.

25. Je n'ai pas besoin de sourire alors que je pleure.

26. J'ai le droit d'être détendu, enjoué et frivole.

27. Ce faisant, j'ai le droit d'être souple et à l'aise.

28. J'ai le droit de changer et de croître sur le plan personnel.

29. J'ai le droit d'être ouvert à l'amélioration de mes aptitudes en matière de communication, de sorte que je me fasse mieux comprendre.

30. J'ai le droit d'avoir des amis et d'être à l'aise en compagnie de mes semblables.

31. J'ai le droit d'évoluer dans un environnement non abusif.

32. Je peux être en meilleure santé que ceux qui m'entourent.

33. Je peux me charger de moi-même, en dépit de tout.

34. J'ai le droit de m'affliger des pertes actuelles ou passées.

35. J'ai le droit d'accorder ma confiance à ceux qui la méritent.

36. J'ai le droit de pardonner aux autres ainsi qu'à moi-même.

37. J'ai le droit de donner et de recevoir l'amour inconditionnel.

Vous pouvez réfléchir à chacun de ces droits et voir si vous en disposez. J'estime que chaque être humain jouit de chacun d'eux, voire davantage.

À mesure que l'on se transforme, on commence à intégrer ces transformations à l'existence.

Chapitre 14

L'intégration

À mesure que l'on se transforme, on intègre peu à peu ces transformations à son quotidien et on les met en pratique. Par «intégrer», j'entends faire un tout à partir d'éléments distincts. Le rétablissement intérieur sous-entend un mouvement vers l'entièreté, l'intégralité, la totalité (Epstein, 1986). Le rétablissement et l'intégration sont les contraires de la confusion et du chaos passés. Le travail sur soi effectué en cours de rétablissement fait appel aux connaissances nouvellement acquises que l'on intègre à son quotidien pour mieux le vivre.

À ce stade, la confusion diminue progressivement, de même que la difficulté d'employer nos nouvelles connaissances. À présent, on fait simplement ce qui doit être fait, presque par réflexe.

Au stade de l'intégration, on est seulement qui on est, et l'on n'a pas besoin de s'en excuser auprès de qui que ce soit. On peut maintenant se détendre et s'amuser sans éprouver de la culpabilité. On a également appris à établir des bornes lorsque la chose est nécessaire pour satisfaire à nos besoins. On connaît ses droits et on agit en conséquence.

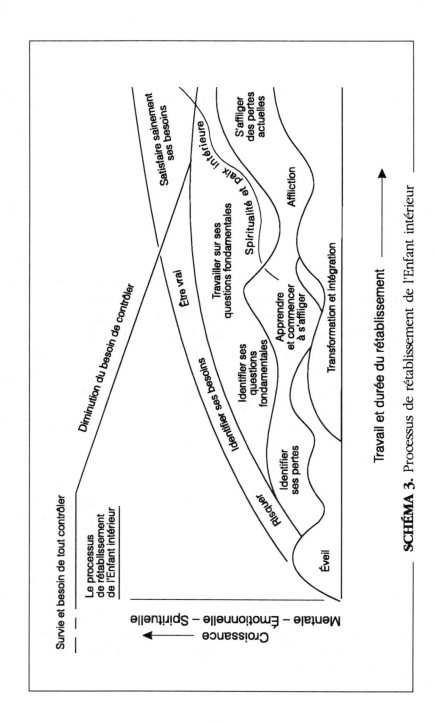

SCHÉMA 3. Processus de rétablissement de l'Enfant intérieur

Le processus de rétablissement de l'Enfant intérieur (schéma 3) commence à apparaître clairement. En étudiant cette illustration, on s'aperçoit que le rétablissement n'est pas un événement statique et que le principe du «tout ou rien» ne prévaut pas dans ce cas. Il s'agit plutôt d'un processus continu qui se poursuit sans cesse, selon une multiplicité de lieux et de temps.

L'éveil ne survient pas d'un coup. On s'éveille maintes fois. Pas plus qu'on ne risque ou qu'on ne se confie qu'à une seule reprise. On apporte son témoignage de nombreuses fois, on en souffre parfois, on grandit et, du tout au tout, on goûte à la vie.

On commence à identifier ses pertes passées et présentes, et l'on s'en attriste à mesure qu'elles surgissent. On parle des questions liées aux fondements de l'être à mesure qu'elles sont soulevées et qu'on s'applique à les décortiquer pour les comprendre. Alors que l'on précise quelles sont ces questions, on peut en découvrir deux qui sont souvent soulevées : le comportement et la pensée excessifs, de même que le contrôle. Il a peut-être fallu recourir à ce mode de pensée et de comportement pour survivre, dépendant du nombre et de la gravité des pertes dont on ne s'est pas attristé (voir la partie supérieure gauche du schéma n° 3). Enfant, on ne disposait d'aucun autre moyen; mais depuis que l'on se trouve au stade de la transformation et de l'intégration, on commence à se libérer de leur emprise. Ce faisant, on se rend compte que le besoin de tout contrôler s'atténue peu à peu.

On commence à identifier ses besoins et on cherche des manières d'y pourvoir sainement. C'est alors que l'on commence à mettre en pratique la véracité en suscitant le Moi véritable.

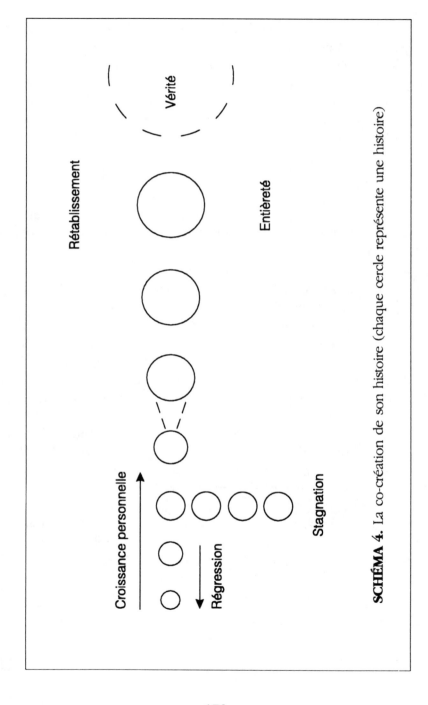

SCHÉMA 4. La co-création de son histoire (chaque cercle représente une histoire)

D'ordinaire, le rétablissement de l'Enfant intérieur ne suit pas une courbe linéaire, ainsi que peuvent le laisser croire les séquences du schéma 3. Il a plutôt tendance à survenir selon des vagues circulaires qui se transforment en une spirale. Chaque fois que l'on met fin et que l'on intègre un épisode particulier de son existence, on devient libre de créer une histoire plus intéressante, plus vraie, plus honnête. La vérité et l'honnêteté dont il est question proviennent de la véracité du Moi. À mesure que l'on évolue, on compulse et on crée de meilleurs épisodes, que l'on intègre ensuite à sa vie (*cf.* schéma 4).

Durant les phases de rétablissement, d'intégration et de croissance personnelle, on assistera souvent à une certaine régression, un retour en arrière. Tout ce qu'on aura cru avoir gagné pourra sembler perdu. On en sortira confus, désespéré, blessé. Il s'agit d'un point tournant crucial de notre existence. Voici l'occasion d'apprendre une chose importante à propos de l'Enfant intérieur. Si on demeure fidèle aux sentiments et aux expériences relatives à l'instant présent, même s'ils semblent avoir été perdus, on risque de redécouvrir que l'issue pour se libérer de la douleur réside dans une nouvelle confrontation. On s'aide à franchir cette étape en assumant sa douleur et en racontant son témoignage à des proches auprès de qui on se sent en confiance.

On ressortira également grandi d'avoir connu la douleur et la joie dans la solitude. C'est souvent dans une période de solitude que nous vient l'idée de l'existence d'une force grandement supérieure à ce que nous sommes. Il s'agit certes d'une phase difficile à traverser, mais ceux qui osent peuvent faire acte de plus grande humilité et s'abandonner aux soins de la Puissance suprême ou de Dieu.

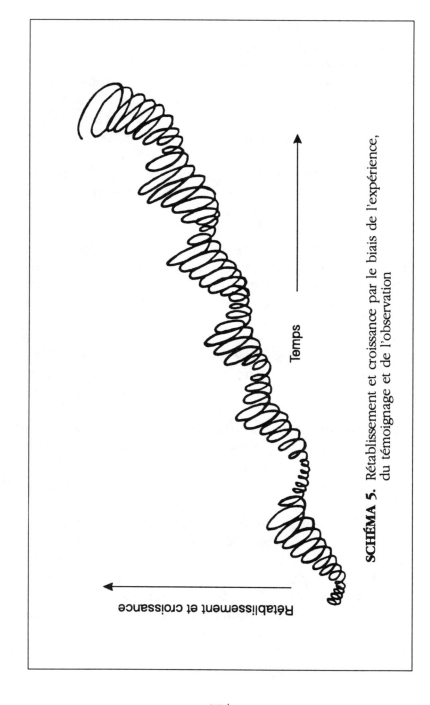

SCHÉMA 5. Rétablissement et croissance par le biais de l'expérience, du témoignage et de l'observation

Temps

Rétablissement et croissance

174

Ce processus nous est maintenant familier. Il ne s'agit plus seulement de raconter son histoire, mais aussi d'identifier une perte à mesure qu'elle survient pour mieux s'en attrister. Alors que l'on s'afflige de cette perte et que l'on se confie, on peut soulever une nouvelle possibilité : prendre un peu de recul par rapport à elle et *l'observer*. Le recul et l'observation permettent de voir un schème commun à plusieurs de nos histoires, qui les fait se ramifier et s'enchevêtrer, avancer et régresser, selon une trajectoire ascendante qui va s'élargissant (*cf.* schéma 5). Avec le temps, il s'agit de la courbe du rétablissement et de la croissance personnelle.

Alors que nous étions enfants, il nous fallait tolérer les mauvais traitements afin de survivre dans cet environnement. À présent, nous n'avons plus à tolérer de mauvais traitements; nous avons le choix.

L'intégration survient souvent entre la troisième et la cinquième année du programme de rétablissement complet. Lorsqu'un stress nous ramène à une sensation liée au simple stade de la survie, on est dorénavant en mesure de s'éveiller et de reconnaître rapidement une question liée aux fondements de l'être, de refaire rapidement le cycle de la transformation, de se rappeler ce qui s'est produit, de n'être pas malmené, et de visualiser ses bornes personnelles et ses choix (Gravitz, Bowden, 1986). Nous n'avons plus à gaspiller notre énergie à dénier, parce que désormais nous voyons les choses comme elles sont. En ce qui concerne le passé, on s'y retrempe pour une très brève période.

Nous n'avons plus à faire l'effort de réfléchir consciemment à l'événement qui s'est produit, bien qu'il soit permis de le faire. Nous passons directement à l'action. Nous réclamons en entier notre Moi véritable, notamment le droit d'être vraiment soi lorsqu'on veut et celui de l'être moins en certaines situations ou avec certaines gens. Lorsque nous essuyons de nouveau une perte, que nous sommes effrayés, fâchés ou que nous régressons en âge, nous recyclons tout cela, parfois rapidement, parfois lentement.

Nous délimitons des bornes personnelles et traçons des limites appropriées face aux gens. Si on continue de nous malmener ou de nous ignorer, on peut répliquer : «Non! vous ne pouvez plus faire cela» ou alors s'en aller. Nous n'attendons plus sous la pluie en prétendant qu'il ne pleut pas (Gravitz, Bowden, 1986). Nous ne sommes plus victimes ou martyrs.

Le chemin parcouru en vue de rétablir l'Enfant intérieur peut être partiellement résumé par ce poème de Portia Nelson.

Autobiographie en cinq courts chapitres

1. *Je déambule dans la rue.*
   Il y a un trou profond dans le trottoir.
   J'y tombe.
   Je suis perdue... Je suis désespérée.
        Ce n'est pas ma faute.
   Il faut beaucoup de temps avant que j'en sorte.

2. *Je déambule dans la même rue.*
   Il y a un trou profond dans le trottoir.
   Je feins de ne pas l'apercevoir.
   J'y tombe de nouveau.
   J'ai peine à croire que je suis au même endroit.
        Mais ce n'est pas ma faute.
   Il faut beaucoup de temps avant que j'en sorte.

3. *Je déambule dans la même rue.*
    Il y a un trou profond dans le trottoir.
    Je l'aperçois.
    Mais je tombe encore... c'est une habitude.
      Mes yeux sont ouverts
      Je sais où je suis.
    *C'est **ma** faute.*
    J'en sors immédiatement.

4. *Je déambule dans la même rue.*
    Il y a un trou profond dans le trottoir.
    Je le contourne.

5. *Je déambule dans une autre rue.*

Chapitre 15

Le rôle de la spiritualité

L a spiritualité englobe tant de choses qui touchent au rétablissement intérieur que, dans ce court chapitre, je ne pourrai qu'aborder sa définition. Elle constitue un élément fondamental de la guérison de l'Enfant intérieur.

La spiritualité est le stade final du rétablissement. Paradoxalement, elle ne forme pas vraiment un stade puisqu'il s'agit d'un processus continu qui se poursuit parallèlement à la souffrance, la guérison et la sérénité.

PREMIÈRE DÉFINITION DE LA SPIRITUALITÉ

Définissons-la succinctement en disant que la spiritualité touche la relation que l'on entretient avec soi, avec autrui et avec l'univers. Elle est caractérisée par plusieurs principes-clés, notamment celui qui énonce qu'elle est *paradoxale*. En effet, des entités, des expériences et des états en apparence contradictoires cœxistent paisiblement au sein de la spiritualité. Par exemple, elle est à la fois subtile et puissante. Semblable au souffle qui nous tient en vie, à la respiration, sa présence ne nous est pas sans cesse signifiée, pourtant nous ne pourrions vivre sans elle. De sa nécessité vient sa puissance!

La spiritualité est personnelle en ceci que chacun doit découvrir la sienne, à sa manière. Elle est certes utile, car elle touche une pléthore de sujets essentiels à l'existence, qu'il s'agisse de la confiance ou d'apprendre à se libérer de la douleur. La spiritualité est fondée sur l'expérience; afin de l'apprécier, il faut y recourir, reconnaître sa présence. On ne peut y goûter seulement par le biais de l'intellect et de la raison. Il ne s'agit pas d'une connaissance intellectuelle, mais d'un état.

Elle est indescriptible. Sa sphère d'action est si vaste que, malgré tous les ouvrages et tous les enseignements des plus grands maîtres spirituels, elle demeure insondable. La spiritualité englobe tout et nous est d'un grand secours. Elle ne rejette rien. C'est ici que la religion organisée fait son entrée, car elle participe à la spiritualité. Donc, bien que *la spiritualité ne tienne pas à une religion organisée*, elle l'inclut, la soutient et puis la transcende.

La spiritualité apaise, favorise la croissance personnelle et, en dernier lieu, elle satisfait l'être humain. Le cheminement proposé dans cet ouvrage, la quête vers la découverte de soi et le rétablissement intérieur, est un acte spirituel même si au début on ne le perçoit pas ainsi. Au fur et à mesure que l'on accède à chacun des stades du rétablissement pour accomplir le travail qui s'impose, le prochain stade s'ouvre à nous. En passant d'un stade à un autre, on n'abandonne pas les précédents. Plutôt, on les *transcende*, ce qui signifie qu'on les respecte et qu'on les emploie de façon spontanée et appropriée, mais que l'on agit en fonction d'un niveau de conscience entièrement nouveau. Les différents niveaux de conscience entrent en parallèle avec plusieurs descriptions de notre cheminement spirituel.

VISUALISER NOTRE CHEMINEMENT SPIRITUEL

Au cours des décennies 1940 et 1950, Maslow a établi la hiérarchie des besoins humains (*cf.* tableau 14) qui se lisent comme suit de bas en haut : (1) la physiologie, soit le fonctionnement de base ou la survie; (2) la sécurité; (3) le sentiment d'appartenance et l'amour; (4) l'actualisation de soi; (5) la transcendance de la spiritualité, c'est-à-dire la réalisation du potentiel du Moi véritable, du Moi supérieur.

TABLEAU 14. Hiérarchies similaires des besoins humains, du développement et de la conscience

Besoins humains	Rétablir l'Enfant intérieur	Niveaux de conscience
		Unité
	Recourir à la spiritualité	
		Compassion
Transcendance		
	Intégration	Compréhension (créativité, connaissance innée)
Actualisation de soi	Transformation	Acceptation par le biais de conflits (cœur)
	Exploration des questions fondamentales	Puissance (esprit, ego, identité)
Appartenance et amour	Conscience (émergence de la conscience)	
Sécurité		Passion (émotions, sexualité primaire)
Physiologie	Survie	Survie (couvert, gîte, maladie)

Ces besoins s'inscrivent en parallèle à ceux dont parlent le quatrième chapitre et le schéma n° 2, qui énumèrent en détail les besoins humains, de même que parallèlement à la découverte et au rétablissement de l'Enfant intérieur. Enfin, ils entrent en parallèle avec les différents niveaux de la conscience humaine.

À mesure que l'on acquiert différentes méthodes de conceptualisation du cheminement vers le rétablissement intérieur, on se rend compte qu'elles sont similaires, si ce n'est de leurs angles qui diffèrent quelque peu. Ces trois méthodes s'inscrivent également en corrélation avec les douze étapes du rétablissement : survivre à l'alcoolisme actif (ou à une dépendance à une substance chimique, à la co-dépendance, aux excès alimentaires, à une forme de souffrance ou de mauvais traitements), admettre l'existence du problème, passer de l'isolement à la confidence, éventuellement avec la Puissance suprême. À mesure que progresse le travail basé sur les douze étapes, il faut procéder à l'examen de soi, à la catharsis et au changement de personnalité, suivis de l'amélioration des relations personnelles, de l'altruisme et de la découverte de la sérénité.

Tout au long du rétablissement de l'Enfant intérieur, on se rend compte que celui-ci n'est pas limité à un ou deux niveaux de conscience mais plutôt qu'il existe en parallèle aux sept niveaux paraissant au tableau 15.

Le nouveau-né sans défense

En parcourant le tableau 15 de bas en haut, on se rend compte qu'une partie de l'Enfant intérieur ressemble à un nouveau-né sans défense. Il a besoin qu'on s'occupe de lui, qu'on le nourrisse. Alors que l'on franchit les stades de développement, on a d'abord besoin d'affection, d'amour et de soins. C'est seulement lorsque ces besoins élémentaires ont été satisfaits que l'on est prêt à accéder au prochain stade de développement. Étant donné qu'un grand nombre d'enfants négligés ou malmenés ont été privés sur ce plan, ils n'ont pas achevé ce stade de développement. L'une des tâches de leur rétablissement consiste donc à apprendre à combler leurs besoins et à se faire chouchouter, de sorte qu'ils puissent de nouveau franchir ce cycle et parachever ce stade de développement.

On découvre alors qu'une seule personne est en mesure de faire en sorte que l'on obtienne l'amour et les soins dont on a besoin, et que cette personne n'est autre que *soi-même*. Non pas la partie de soi formée par la co-dépendance, plutôt soi-même dans la totalité de notre Enfant intérieur. L'Enfant intérieur est donc à la fois notre pourvoyeur affectif et ce nouveau-né sans défense, en plus de tout le reste! *Chacun est donc son propre pourvoyeur affectif*! Chacun doit s'assurer d'obtenir ce dont il a besoin. Parfois on peut réclamer l'aide de quelqu'un, mais on est essentiellement responsable de la satisfaction de ses propres besoins. Le tableau 2 du quatrième chapitre énumère ces besoins.

TABLEAU 15. Niveaux d'être et de conscience de l'Enfant intérieur (se lit de bas en haut)

---

7. Enfant qui aime inconditionnellement

6. Enfant compatissant

5. Enfant créateur

4. Enfant menant le combat
   et croissant intérieurement

3. Enfant qui réfléchit et raisonne

2. Enfant sensible

1. Nouveau-né sans défense

L'Enfant sensible

L'enfant présent en nous, qui ressent ses sentiments, est plein d'émotions. Ce niveau, au même titre que les sept autres niveaux d'être de l'Enfant intérieur, se ramifie dans chacun des autres. L'Enfant sensible nous prévient que quelque chose mérite notre attention. Il peut s'agir d'une chose qui ne va pas, d'un danger réel ou d'une peine, quelque chose d'agréable ou une réaction émotive face à une résurgence du passé. Quoi qu'il en soit, nous y sommes désormais attentifs (*cf.* chapitre 10).

L'Enfant qui réfléchit et raisonne

Cet Enfant est lié à l'ego, à l'esprit et au Moi. Il façonne l'identité personnelle. Souvent on le méprend pour l'éminence grise qui détient le pouvoir; pourtant il n'est qu'une facette de nous-mêmes.

L'Enfant qui réfléchit et raisonne est peut-être le seul élément du Moi véritable qui soit directement associé au Moi co-dépendant. On peut même dire qu'ils sont copains. Cet Enfant comprend le Moi co-dépendant et peut fonctionner de concert avec lui lorsqu'il nous faut recourir à la co-dépendance. On assiste chez plusieurs à un développement excessif de l'Enfant qui réfléchit et raisonne, et du Moi co-dépendant.

Alors que l'on se rétablit, entrent en scène les autres constituants de l'Enfant intérieur qui nous apportent l'équilibre, l'intégration, l'individuation et l'entièreté.

L'Enfant menant le combat
et croissant intérieurement

Cet Enfant équivaut au niveau «cœur» de la conscience et offre la clef conduisant au Moi supérieur et à la sérénité.

Il constitue le lien entre le Moi supérieur et le Moi inférieur. La locution «acceptation par le biais du conflit» résume bien de quoi il s'agit; cela signifie qu'il faille accepter les faits, d'abord en les reconnaissant, en en prenant conscience, puis en travaillant sur la douleur ou en appréciant le plaisir, enfin en trouvant la paix intérieure. Cela est analogue au processus d'affliction, au processus du pardon, soit s'en remettre à une puissance supérieure, se détacher, lâcher prise, jusqu'à l'étape du témoignage, en cela que ces processus servent à accepter et à croître sur le plan personnel.

L'Enfant créateur

Avez-vous déjà eu l'impression qu'une chose était juste et vraie, d'en être persuadé sans trouver d'explication rationnelle pour la prouver? L'Enfant créateur emploie les pressentiments et les intuitions qui nous aident dans la vie de tous les jours. Il s'agit de la partie de nous-mêmes qui possède une connaissance inhérente et naturelle des choses. Les idées, l'inspiration et les envolées créatrices surgissent régulièrement de cette facette de l'Enfant intérieur, tout au long de l'existence. Par exemple, c'est de ce lieu secret que tirent leurs origines la plupart des chefs-d'œuvre de l'art, de la science, de la littérature et du théâtre.

Cependant, le Moi co-dépendant tente parfois de se dissimuler derrière l'Enfant créateur et alors ses intuitions nous induisent en erreur. Ainsi, nous devons vérifier la provenance de nos intuitions pour voir de quoi elles retournent. Si elles nous sont favorables, il y a de fortes chances qu'elles proviennent de l'Enfant créateur. Sinon, elles sont peut-être issues du faux Moi. Plusieurs livres traitent de ce sujet, par exemple celui de Frances Vaughan intitulé : *Awakening Intuition*, ainsi que *Alcoholism and Spirituality*, dont je suis l'auteur.

L'Enfant compatissant

Vous arrive-t-il d'être en compagnie de quelqu'un qui vous fait ses confidences et d'être touché à ce point par ses propos qu'une larme perle à vos yeux? Ce qui ne vous empêche pas de savoir que, tout en étant ému par cette souffrance ou cette joie, rien ne sert de se porter à son secours ou de tenter de changer cette personne. Lorsqu'on connaît une telle expérience, on est en contact direct avec l'Enfant compatissant ou mieux, on devient cet Enfant compatissant.

L'Enfant compatissant est en quelque sorte le reflet contraire de l'Enfant passionné, ce dernier tentant de venir au secours d'une personne ou de la changer. L'Enfant créateur est aussi le reflet de l'Enfant qui réfléchit et raisonne, alors que l'Enfant qui aime inconditionnellement est le reflet du nouveau-né sans défense (*cf.* tableau 15).

L'Enfant qui aime inconditionnellement

Cette facette de nous-mêmes est la plus difficile à cerner et à mettre en pratique. Lorsqu'on a subi des mauvais traitements durant l'enfance – ou que l'on en subit encore – on est incapable d'aimer quiconque de façon inconditionnelle, à commencer par soi. En raison de cette difficulté, et parce que je pense qu'il s'agit d'une question fondamentale pour les adultes-enfants traumatisés, j'élaborerai plus en détail à ce propos.

L'AMOUR ET L'AMOUR INCONDITIONNEL

On retrouve fréquemment chez ceux qui ont subi de mauvais traitements des caractéristiques communes, dont une piètre estime de soi, le sentiment de n'être pas à la hauteur, de n'avoir aucune valeur. Elles sont également présentes chez ceux qui sont minés par l'alcoolisme, par une dépendance aux substances chimiques, par la co-dépendance, par un trouble lié à l'alimentation ou par quelque état qui nous fait se sentir victime. En raison de différents facteurs, notamment l'incapacité de se dominer par rapport à l'alcool, aux stupéfiants, aux excès de table, à une personne en particulier, etc., on en vient à croire que l'on est indigne d'être aimé.

Plutôt que de se croire indigne d'être aimé, on finit par penser que l'on n'a *pas besoin* d'être aimé. On émet des messages stipulant que l'on ne souhaite pas être aimé, puis finalement que l'on rejette l'amour, peu importe son visage (Gravitz, Bowden, 1985). Ainsi s'atrophient les sentiments et s'installe l'incapacité de ressentir pleinement ses émotions, particulièrement l'amour.

Souvent au cours du rétablissement, alors que l'on reçoit l'amour inconditionnel d'un groupe d'auto-assistance ou de thérapie, d'un conseiller, de son tuteur ou d'un ami, s'aperçoit-on des effets bénéfiques de l'amour. L'amour est certes la plus puissante de nos ressources et il faut compter des années d'amour avant de prendre du mieux et de conserver cet état. C'est seulement alors que l'on peut commencer à aimer les autres en retour.

Plusieurs rencontrent un problème relatif à l'amour parce qu'ils s'en font une idée restrictive, par exemple la notion de «tomber en amour» ou d'infatuation. Au cours du rétablissement, on apprend que l'amour n'est pas seulement un sentiment. Il est aussi une *énergie* qui se manifeste par *l'engagement et la volonté de grandir dans le but de contribuer à sa croissance personnelle ainsi qu'à celle de l'autre,* ce qui englobe les dimensions physique, mentale, émotionnelle et spirituelle (Peck, 1978).

À mesure que l'on progresse sur la voie du rétablissement, on se rend compte qu'il existe plusieurs sortes d'amour. Je les présente au tableau 16 en fonction des sept niveaux de la conscience. Sous cet angle, on peut voir que pour le Moi inférieur, l'amour est une nécessité, une infatuation, une possession, une forte admiration ou, pis encore, une adulation; bref il s'agit de la vision romantique traditionnelle de l'amour. Plusieurs parmi ceux qui ont évolué au sein d'une famille dysfonctionnelle et dont l'Enfant intérieur fut réprimé s'enfoncent dans cette vision inférieure de l'amour. En rétablissant son Enfant intérieur, on découvre peu à peu des niveaux plus élevés d'amour, pour mieux les transcender, tels que l'affection même dans le conflit, le pardon, la confiance, l'engagement à croître en soi-même autant qu'en l'être aimé, l'empathie et l'acceptation inconditionnelles, et la paix de l'Être. On peut graduellement s'ouvrir à l'amour présent en chacun de nous en recourant aux pratiques spirituelles enseignées un peu partout (Whitfield, 1985).

En dernier lieu, on apprend que l'amour est ce que soi-même et sa puissance supérieure utilisent afin de se rétablir. C'est finalement l'élément guérisseur des thérapies collectives, de l'amitié, de la méditation et de la prière. *Nous n'avons alors plus peur de l'amour et nous ne nous en éloignons plus, car nous savons qu'il se trouve au cœur de notre être et qu'il fournit le remède au rétablissement de l'Enfant intérieur.*

LE MOI OBSERVATEUR

À mesure que l'on progresse sur la voie du rétablissement, que l'on croît sur le plan personnel, on découvre une part de soi-même – peut-être située dans le Moi supérieur de l'Enfant intérieur – qui est en mesure de prendre quelque recul pour observer ce qui survient au

TABLEAU 16. Définition de certaines caractéristiques thérapeutiques et cliniques du Moi (niveaux 4 à 7) : l'amour, la vérité, la guérison et la puissance selon les niveaux de la conscience humaine. (Les niveaux 1 à 3 représentent les assises du Moi inférieur.) (Selon Whitfield, 1985)

Hiérarchie de la conscience	Amour	Vérité	Guérison	Puissance
7. Conscience unitaire	Être paisible	Être paisible	Être paisible	Être paisible
6. Compassion	Empathie et acceptation inconditionnelles	Amour et acceptation	Amour et acceptation	Amour et acceptation
5. Compréhension	Engagement envers la croissance personnelle	Créativité	Bonne décision	Sagesse
4. Acceptation-cœur	Pardon	Pardon	Pardon	Pardon
3. Esprit-ego	Adulation Possession	Expérience Croyances	Prévention, éducation Psychologique	Affirmation Persuasion
2. Passion	«Coup de foudre»	Sensations	Chouchouter	Manipulation
1. Survie	Nécessité	Science	Physique	Force physique

quotidien. Par exemple, plusieurs connaissent un désagrément quelconque puis se détachent de celui-ci et des sentiments y afférents, de sorte qu'ils se retrouvent en observateurs de l'objet de leur mécontentement. Cela se double parfois d'une sortie du corps astral, de sorte qu'ils peuvent se voir ou voir une représentation d'eux-mêmes alors qu'ils sont fâchés. On peut favoriser cette aptitude en s'adonnant à la visualisation et à l'eidétisme (Small, 1985). Fermant les paupières, le sujet s'imagine la scène ou l'activité faisant l'objet de son mécontentement; il peut alors envisager une solution positive pour le contrer. On peut parvenir à cette fin par le biais de la méditation. Il s'agit d'une méthode saine, si on la pratique de façon constructive.

Deikman (1982), entre autres, appelle cette part de nous-mêmes à la fois puissante et libératrice le «Moi observateur». Les ouvrages de psychologie orientale parlent plutôt de l'«ego observateur», sans explorer la nature particulière de l'ego et ses implications dans la compréhension du Moi. On passe ainsi à côté des dynamiques, de la signification et de l'importance du Moi observateur, et ses théories du Moi demeurent quelque peu confuses.

Le Moi observateur est le pivot autour duquel le rétablissement intérieur est articulé. Le schéma 6 en fait l'illustration, qui montre les liens entre le Moi (ou Moi objectal) et le Moi observateur. Le Moi s'intéresse à la pensée, aux sentiments, aux actes, aux désirs et autres activités axées sur la survie. (Ce concept plus ancien et moins utile du Moi comprend en partie tant le faux Moi que le Moi véritable.) Cependant, le Moi observateur est cette partie de nous-mêmes qui voit tant le faux Moi que le Moi véritable. Disons qu'il nous observe alors même que nous observons. Il *est* notre conscience, il est au cœur des expériences de l'Enfant intérieur. En conséquence, il n'est pas possible de l'observer. Il transcende nos cinq sens, notre Moi co-dépendant et tous nos composants inférieurs.

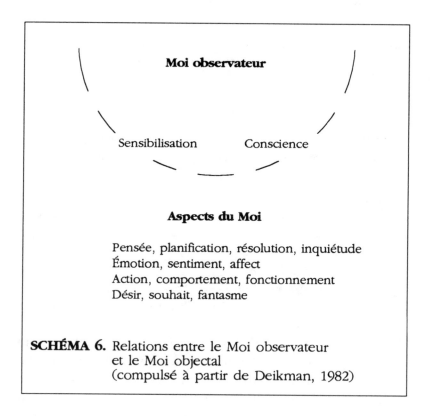

Moi observateur

Sensibilisation   Conscience

Aspects du Moi

Pensée, planification, résolution, inquiétude
Émotion, sentiment, affect
Action, comportement, fonctionnement
Désir, souhait, fantasme

SCHÉMA 6. Relations entre le Moi observateur
et le Moi objectal
(compulsé à partir de Deikman, 1982)

Les adultes-enfants peuvent méprendre leur Moi observateur pour une sorte de mécanisme défensif auquel ils ont eu recours pour éviter leur Moi véritable et ses sentiments. Il peut s'agir d'un faux Moi observateur, étant donné que la conscience est nébuleuse, qui n'est axé vers aucune convergence et qui engourdit. Il dénie et déforme l'Enfant intérieur, d'autant qu'il porte souvent des jugements catégoriques. À l'opposé, le véritable Moi observateur est doté d'une conscience plus claire, il observe avec plus d'acuité et est porté vers l'acceptation. Voici certaines différences qui les distinguent :

**Quelques différences entre le véritable Moi observateur
et le faux Moi observateur**

	Moi Véritable	Faux Moi
Conscience	Plus clair	Nébuleux
Axe de convergence	Observe	Engourdit
Sentiments	Observe avec acuité	Dénie
Attitude	Accepte	Juge catégoriquement

À mesure que s'élargit la sphère de la conscience, l'être devient plus sensible au rôle qu'il tient dans le drame qui se joue à l'échelle cosmique. En assistant à la représentation de son mélodrame personnel, on se rend compte que le Moi observateur est cette part de soi qui prend un peu de recul et observe la suite des événements, grâce à la puissance de l'imagination. Ce faisant, on met en scène un féroce mode de défense : l'humour, grâce auquel on peut rire de soi et du sérieux que l'on affiche devant les événements.

Deikman (1982) écrit : «Le Moi observateur n'appartient pas au monde objectal formé par nos pensées et notre perception sensorielle, parce qu'il n'a aucune limite; à l'opposé, toute autre chose est limitée. Ainsi, la conscience journalière porte un élément transcendant dont on est rarement témoin, car cet élément est le cœur même de notre expérience. L'épithète "transcendant" est ici justifiée car, si la conscience subjective (le Moi observateur) ne peut être observée et qu'elle reste à jamais distincte du contenu de la conscience, il est plus que probable qu'elle participe à un ordre des choses différent de tout le reste. Sa nature intrinsèquement différente s'impose à l'évidence lorsqu'on se rend compte que le Moi observateur est dénué de tout trait caractéristique; le monde ne peut pas plus le modifier qu'un miroir peut l'être par l'objet qui s'y reflète.»

À mesure que le Moi observateur devient plus proéminent, le Moi inférieur ou objectal a tendance à s'estomper. L'identification primaire au Moi inférieur est souvent associée à la souffrance et à la maladie. Toutefois, la consolidation d'un ego fort et souple, qui participe au rétablissement de l'Enfant intérieur, est habituellement nécessaire avant que l'on puisse procéder à la transition vers le Moi observateur pour une période durable.

ATTEINDRE LA SÉRÉNITÉ

Alors que l'on se familiarise progressivement avec le Moi observateur et la puissance guérisseuse de la spiritualité, on peut entreprendre la construction d'une voie qui mène à la spiritualité, à la paix intérieure et au bonheur. J'ai élaboré la description suivante à partir de détails parus dans *Alcoholism and Spirituality* :

Quelques voies menant à la sérénité

1. Nous ignorons notre destinée, nous sommes limités (humilité): nous pouvons étudier les lois universelles, les définir approximativement et capituler devant notre carence de connaissances définitives. En raison de ces limites, les sages ont élaboré au long des siècles les descriptions suivantes :

2. La Puissance suprême est présente en chacun et chacun se trouve au sein de la Puissance suprême.

3. Nous pouvons considérer notre réalité comme une hiérarchie de niveaux de sensibilisation, de conscience ou d'être.

4. Notre chemin nous conduit à la maison (nous sommes ce chez-soi, déjà et à jamais).

5. Chemin faisant, nous rencontrerons des obstacles (conflits, mélodrames cosmiques). Ces conflits ou tensions créatrices trouvent leur utilité, probablement au chapitre du retour chez-soi.

6. Un choix s'offre à nous. Nous pouvons employer notre corps, notre ego, notre esprit et nos relations terrestres à renforcer notre séparation et notre souffrance; ou alors nous pouvons nous en servir comme de véhicules pour l'âme, pour l'esprit ou le Moi supérieur afin de rentrer chez-nous et pour célébrer ce retour.

7. La Puissance suprême (le chez-soi) est l'amour (l'amour est peut-être la manière la plus puissante de connaître la Puissance suprême).

8. Nous pouvons éliminer les blocages afin de réaliser notre puissance suprême en expérimentant (notamment en vivant le moment présent), en nous souvenant, en pardonnant et en capitulant (ces réalisations peuvent être perçues comme une seule). Cette réalisation peut être facilitée par des pratiques spirituelles régulières.

9. La séparation, la souffrance et le mal sont l'absence de la réalisation de l'amour et, en conséquence, ils sont ultimement des illusions. Ils sont également des manifestations de notre quête d'amour, d'entièreté et de notre chez-soi. Ainsi, le mal ou l'ombre sont en dernier lieu au service de la lumière.

10. Nous écrivons notre propre histoire par nos pensées et nos actions. Les pensées et les sentiments qui meublent notre esprit et notre cœur seront transmués en expériences au cours de notre vie. Ce que nous donnons, nous l'obtenons.

11. La vie est un processus, une force, un flux qui nous tient vivants. Nous ne vivons pas la vie, plutôt nous nous rendons devant elle. Nous coulons en elle, nous sommes responsables de notre participation en elle, nous devenons des co-créateurs. Nous pouvons alors nous libérer de la souffrance issue de notre résistance au flux de l'existence.

12. La paix intérieure ou sérénité naît de la connaissance, de la pratique et de l'innéité des éléments précités. En dernier lieu, nous découvrons que toujours nous sommes au sein de la sérénité, chez nous.

Sources identiques : Huxley (*La Philosophie éternelle*), Jésus-Christ, Tao, Muktananda, *A Course in Miracles*, Fox, Wilber, Lazaris, Schuan et plusieurs autres sages, penseurs et formes de pensée.

Certains de ces principes sont illustrés par l'histoire de Jean, 42 ans, qui a grandi dans une famille minée par l'alcoolisme; son père était l'alcoolique actif et sa mère tenait le rôle de co-dépendante qui apportait l'apaisement. James ne donnait aucun signe d'alcoolisme à l'âge adulte, mais il devenait peu à peu conscient de sa confusion et de sa souffrance démesurées. Il finit par assister aux réunions d'Al-Anon et, plus tard, aux rencontres d'auto-assistance de l'*ACoA* et ce, pendant six années qui lui apportèrent quelque soulagement. Il parle dans les paragraphes suivants de l'importance de la contribution de la spiritualité à son rétablissement.

«J'ai participé à un grand nombre de rencontres organisées par Al-Anon et par l'*ACoA* ces dernières années, en général une ou deux fois par semaine. Je voulais vraiment prendre du mieux, mais je ne semblais pas y parvenir quoique quelque chose semblait me motiver à assister aux rencontres. J'avais toujours cru qu'il me fallait être fort, ce qui équivalait à mes yeux à être indépendant. Cela signifiait : ne pas trop parler. Je pensais pouvoir me rétablir sans l'aide de quiconque. Pour moi, confiance était synonyme de faiblesse, de dépendance, qui étaient des sortes de maladies. Je considérais que les gens ayant ces caractéristiques étaient malades. Et, bien entendu, je me sentais meilleur et plus sain que les autres. En y songeant à présent, je pense qu'il s'agissait d'un mode de défense probablement nécessaire qui me permettait de continuer à assister aux rencontres sans être trop remué par mes sentiments cachés et les changements qu'il me fallait instaurer afin de me rétablir.

«À cette époque, je fis la rencontre d'une femme très arrogante et très malheureuse, qui assistait aux réunions. Elle était si odieuse à mon égard que je tentais d'éviter les rencontres auxquelles elle participait. Je croyais que sa situation était sans espoir et que la mienne valait certes mieux que la sienne. Puis j'ai constaté des changements chez elle. Elle perdit son arrogance et devint plus amicale à mon endroit et envers les autres. Elle semblait heureuse. Je n'avais aucun plaisir à admettre la chose, d'autant que l'heureux changement survenait chez celle qui avait été si désagréable envers moi, mais je lui enviais ce changement positif. Je voulais la même chose pour moi. Mais voilà qu'elle communiquait avec sa puissance suprême et que cela m'avait toujours paru quelque peu ardu, même si la religion avait été une constituante de mon éducation.

«Alors j'ai commencé à réfléchir à ce qui avait pu survenir en elle et à la manière dont je pourrais atteindre cette paix ou ce bonheur. J'avais connu quarante années de malheur et de confusion. Je me suis mis à lire des ouvrages spirituels et à prier. J'avais bien sûr prié depuis ma tendre enfance, mais à présent je ne priais plus de la même façon. J'étais peut-être plus sincère et plus humble. Puis, quelques mois plus tard, j'ai subi une sorte de transformation qui m'a envahi pendant environ deux semaines. Alors mon attitude changea et je me suis libéré du ressentiment que j'entretenais à l'égard de mon père et des autres. (J'avais cependant déjà travaillé sur ma colère et mes autres sentiments, de même que sur d'autres questions personnelles.) J'ai commencé à croire vraiment en la Puissance suprême, ce à quoi je n'étais jusqu'alors jamais parvenu. D'abord j'ai re-cadré la santé à l'intérieur du bonheur, puis re-cadré le bonheur à l'intérieur du besoin que l'on a d'autrui, de la confiance que l'on place en eux et d'un programme spirituel. Cette mise en perspective a fait toute la différence!»

Le témoignage de Jean illustre plusieurs des principes qui permettent d'accéder à la sérénité (voir la liste décrite plus haut). En premier lieu, il a connu les conflits et les combats (n° 5 de la liste). Il a employé ce combat au sein d'une relation désagréable avec une femme qu'il détestait comme véhicule de son évolution spirituelle et de sa croissance personnelle (n° 6). Il avait conscience de ce conflit et de sa douleur, et il entreprit une pratique spirituelle, soit la prière (n° 8). Il en vint à demander ce qu'il voulait, cette fois avec sincérité et humilité (n° 10), et il s'en remit au processus de la Vie (n° 11). En dernier lieu, il trouva ce qu'il cherchait à l'intérieur de lui-même et non pas ailleurs (n° 12).

Les manières conventionnelles menant à la sérénité, à la paix intérieure et au bonheur reposent en général soit sur la recherche du plaisir, soit sur l'évitement de la douleur ou sur les deux. Le recherche du bonheur peut aller de la quête hédoniste à la focalisation sur autrui (qui peut entraîner la co-dépendance), de la pratique de la bonté comme vertu à la récompense promise au Paradis. L'évitement de la douleur nous force à l'ignorer, à nous en détacher et à nous tenir éloignés de toute situation porteuse de conflits potentiels. On peut alors se demander si l'une ou l'autre de ces voies nous a déjà conduits à la paix, au bonheur et à la sérénité. En général, on répond à cette question par la négative.

Nous avons le choix de réagir en éprouvant du ressentiment par rapport à notre incapacité d'être heureux, et à projeter notre douleur sur autrui. Ou alors on peut se mettre à *observer* le processus dans son ensemble, à voir l'auto-contraction du Moi co-dépendant, lorsque nous sommes malheureux. Ce faisant, nous pouvons nous rendre compte que le bonheur n'est pas une chose à laquelle on parvient. Le bonheur, la paix intérieure et la sérénité sont plutôt notre *état naturel*. Sous tout ce que nous ajoutons à nos sentiments et nos expériences, sous l'auto-contraction, se trouve la sérénité même. Pour atteindre la sérénité, nous n'avons rien à faire, rien que nous puissions faire. Il ne s'agit pas de collectionner les bons points à son bulletin, de posséder trois Rolls-Royce, d'amasser les millions à la banque ou de faire un grand mariage. Il n'y a pas de méhode pour atteindre le bonheur, pas plus qu'il n'y a de façon de le mériter. Il nous appartient de manière *inhérente*, déjà et pour toujours (Da Free John, 1985).

Les adultes-enfants perturbés peuvent avoir de la difficulté à accepter l'idée du bonheur intrinsèque. Je peux les comprendre. Mais, à mesure que l'on rétablit son Enfant intérieur, on se rend compte que le bonheur nous habite depuis toujours et pour toujours, et on accepte de mieux en mieux cette notion. La lecture d'ouvrages spirituels et une pratique spirituelle quotidienne m'ont grandement aidé à prendre conscience de ma sérénité.

Cette notion de spiritualité peut susciter le scepticisme de certains lecteurs et entretenir la confusion chez d'autres. Certains encore peuvent ne pas y croire et penser que je suis maboul. Au contraire, plusieurs y trouveront du réconfort et s'identifieront à mes propos. Quelle que soit votre réaction, je vous invite à vous fier à votre instinct et à vos réactions. Réfléchissez-y, parlez-en lorsque le moment vous semble opportun. Employez ce qui vous semble valable et laissez tomber le reste. La spiritualité m'a été d'un grand secours et j'ai constaté chez des centaines de mes congénères ses effets bienfaisants sur l'Enfant intérieur.

Annexe

UN MOT SUR LES MÉTHODES DE RÉTABLISSEMENT INTÉRIEUR

Plusieurs cliniciens qui œuvrent auprès d'adultes-enfants issus de familles minées par l'alcoolisme ou dysfonctionnelles estiment que la *thérapie collective* constitue le *principal traitement* pour entreprendre le travail de rétablissement intérieur. Je pense que cela est juste lorsqu'elle est intégrée à un *programme de rétablissement complet* consistant en ceci :

- traiter toute accoutumance active, compulsion ou attache (par exemple l'alcoolisme actif, les excès alimentaires, etc.);

- participer aux rencontres d'un groupe d'auto-assistance, trouver un tuteur et suivre les douze étapes ou une autre méthode de rétablissement similaire;

- se renseigner sur son état et sur les techniques de rétablissement;

- suivre un traitement en clinique interne, bref et intensif; selon qu'on le souhaite ou qu'il nous soit recommandé;

- suivre une psychothérapie individuelle, s'il y a lieu.

Je pense qu'un programme complet de rétablissement continu sur les plans holistique, physique, mental, émotif et spirituel doit tenir compte de toutes ces considérations.

Voici quelques *avantages* du traitement que je privilégie, soit la *thérapie collective* :

Certains avantages de la thérapie collective pour les adultes-enfants :

1. L'individu a plusieurs thérapeutes plutôt qu'un seul (je recommande de désigner deux chefs de groupe et que chaque groupe compte entre sept et dix membres, variant selon la régularité de leur assiduité).

2. Le groupe recrée plusieurs aspects de la vie familiale et offre donc un véhicule permettant de franchir à nouveau les différents stades, liens émotionnels, conflits et combats (le transfert, par exemple la projection) associés à la famille de chaque membre.

3. Plusieurs stades du rétablissement sont offerts en modèle à chacun. Le fait de voir d'autres personnes se joindre au groupe et apporter des changements définitifs et positifs à certains tournants de leurs vies, qui rétablissent l'Enfant intérieur, est particulièrement motivant et bienfaisant.

4. Grâce aux chefs de groupes habiles et formés à cette fin, le groupe est en mesure de travailler sur des questions existentielles précises qui touchent toutes les facettes du rétablissement : physique, mentale, émotionnelle et spirituelle.

5. La thérapie collective a des avantages qui sont bien connus, notamment : pouvoir obtenir une identification, une validation, une rétroaction, une confrontation appropriée, le soutien de ses camarades et plusieurs autres dynamiques inhérentes au travail en groupe.

Il faut d'ordinaire entre trois et cinq années de travail et d'investissement personnel dans un tel programme afin de développer suffisamment d'aptitude pour surmonter et remplacer le conditionnement négatif, la position de victime, les compulsions répétitives, pour découvrir et guérir l'Enfant intérieur.

Le rétablissement intérieur n'est pas un processus intellectuel ou rationnel. Il repose sur l'expérience et il faut compter avec l'enthousiasme, le découragement, la douleur et la joie, sur fond de croissance personnelle. Il faut beaucoup de courage pour se remettre. Les mots ne permettent pas de décrire avec justesse ce dont il s'agit, mais j'ai entrepris la définition du processus de rétablissement de l'Enfant intérieur.

Références

ACKERMAN, R.J., *Children of Alcoholics, A Guidebook for Educators, Therapists and Parents* (2nd ed.), Learning Publications, Holmes Beach, Florida, 1983.

ACKERMAN, R.J., *Growing in the Shadow*, Health Communications, Pompano Beach, Florida, 1986.

ADULT CHILDREN OF ALCOHOLICS (ACA-Central Service Board) Box 3216, Los Angeles, California 90505.

AL-ANON FAMILY GROUPS, P.O. Box 182, Madison Square Station, New York 10159.

AMERICAN PSYCHIATRIC ASSOCIATION DSM-III, *Diagnostic and Statistical Manual of Mental Disorders* (3rd ed.), Washington, DC, 1980.

ARMSTRONG T., *The Radiant Child*, Quest, Wheaton, Illinois, 1985.

BEATTIE, M., *Codependent No More*, Hazelden, Center City, Minnesota 1987. Version française : *Vaincre la Co-dépendance*, Éditions Sciences et Culture inc., Montréal, 1992.

BLACK, C., *It Will Never Happen To Me*, Medical Administration Colorado, 1980.

BLACK, C., *Talk on Adult Children of Alcoholics*, Gambrills, Maryland, 1984.

BOOZ, Allan & Hamilton, Inc., *An Assessment of the Needs and Resources for the Children of Alcoholic Parents*, NIAAA Contract Report, 1974.

BOWLBY, J., *Loss*, Basic Books, New York, 1980.

BOWLBY, J., *On knowing what you are not supposed to know and feeling what you are not supposed to feel*, J. Canadian Psychiatric Assoc., 1979.

BOWDEN, J.D. & GRAVITZ, H.L., *Genesis*, Health Communications, Pompano Beach, Florida, 1987.

BRIGGS, D.C., *Your Child's Self-Esteem : Step-by-Step Guidelines to Raising Responsible, Productive, Happy Children*, Doubleday Dolphin Books, Garden City, New York, 1970.

BRIGGS, D.C., *Embracing Life : Growing Through Love and Loss*, Doubleday, Garden City, New York, 1985.

BROOKS, C., *The Secret Everyone Knows*, Kroc Foundation, San Diego, California, 1981.

BROWN, S., *Presentation at Second National Conference on Children of Alcoholics*, Washington, DC, 26 February, 1986.

CAMPBELL, J., *The Hero With a Thousand Faces*, Princeton Univ. Press, 1949.

CERMAK, T.L., *A Primer for Adult Children of Alcoholics*, Health Communications, Pompano Beach, Florida, 1985.

CERMAK, T.L., BROWN, S., *Interactional Group Therapy With the Adult Children of Alcoholics*, International Journal Group Psychotherapy, 32 : 375-389, 1982.

CERMAK, T.L., *Diagnosing & Treating Co-dependence : A Guide for Professionals who Work with Chemical Dependents, Their Spouses, and Children*. Johnson Institute, Minneapolis, Minnesota, 1986.

CLARKE, J.I., *Self-Esteem : A Family Affair*, Harper/Winston, Minneapolis, Minnesota, 1978.

COLGRAVE, M., BLOOMFIELD, H., McWILLIAMS, *How to Survive the Loss of a Love*, Bantam Books, New York, 1976.

CORK, M., *The Forgotten Children*, Addiction Research Foundation, Toronto, Canada, 1969.

A Course in Miracles, Foundation for Inner Peace, Tiburon, California, 1976.

DEIKMAN, A.J., *The Observing Self*, Beacon Press, Boston, Massachusetts, 1982.

DEUTSCH, C., *Broken Bottles, Broken Dreams : Understanding and Helping the Children of Alcoholics*, Teachers College Press, New York, 1982.

DOSSEY, L., *Beyond Illness, Discovering the Experience of Health*, Shambhala, Boulder, Colorado, 1985.

DREITLEIN, R., *Feelings in Recovery.* Workshop, Rutgers Summer School on Alcohol Studies, New Brunswick, New Jersey, 1984.

EISENBERG, L., Normal child development. In Freedman, A.M.; Kaplan, H.I. (eds.), *The Child : His Psychological and Cultural Development*, Vol. 2, *The major psychological disorders and their development*, Atheneum, New York, 1972.

EPSTEIN, G., *The Image in Medicine : Notes of a Clinician*, Advances, Vol. 3, Winter, 1986.

FAUKHAUSER, J., *From a Chicken to an Eagle : What Happens When You Change*, Coleman Graphics, Farmingdale, New York, 1984.

FERGUSON, M., *The Aquarian Conspiracy : Personal and Social Transformation in the 1980's*, Tarcher, Los Angeles, California, 1980.

FINN, C.C., *Poem* previously unpublished by author, and published several times attributed to "Anonymous" by others. Written in Chicago, 1966. Here published by permission of the author, personal communication, Fincastle, Virginia, March, 1986.

FISCHER, B., *Workshop on Shame*. The Resource Group, Baltimore, Maryland, 1985.

FOWARD, S.; BUCK, C., *Betrayal of Innocence : Incest and its Devastation,* Penguin Books, New York, 1978.

FOSSUM, M.A.; MASSON, M.J., *Facing Shame : Families in Recovery,* WW Norton, New York, 1986.

FOX, E., *Reawakening the Power of your Wonder Child, in Power Through Constructive Thinking,* Harper & Row, New York, 1940.

FREUD, A., *The Ego and the Mechanisms of Defense,* Revised Ed. Int'l Universities Press, New York, 1966.

GIL, E., *Outgrowing the Pain, A Book for and about Adults Abused as Children,* Launch Press, Box 40174, San Francisco, California 94140, 1984.

GEORGE, D., RICHO, D., *Workshop on Child Within,* Santa Barbara, California, April, 1986.

GRAVITZ, H.L., BOWDEN, J.D., *Guide to Recovery : A Book for Adult Children of Alcoholics,* Learning Publications, Holmes Beach, Florida, 1985.

GROSSMAN, W.L., *The Self as Fantasy : Fantasy as Theory,* J. American Psychoanalytical Assoc., 30, 919-937, 1982.

GUNTRIP, H., *Psychoanalytical Theory, Therapy and the Self : A Basic Guide to the Human Personality, in Freud, Erickson, Klein, Sullivan, Fairbairn, Hartman, Jacobsen and Winnicott,* Basic Books, Harper Torchbooks, New York, 1973.

HAYWARD, J., THOMAS, R., *Watching and Waiting,* Song by Moody Blues, Threshold Records.

HELMSTETTER, S., *What to Say When You Talk to Yourself,* Grindle Press, Scottsdale, Arizona, 1986.

HILLMAN, J., *Healing Fiction,* Station Hill, Barrytown, New York, 1983.

HILLMAN, J., *Abandoning the Child, In Loose Ends : Primary Papers in Archtypal Psychology*, Spring Publications, Dallas, Texas, 1975.

HOFFMAN, B., *No One Is To Blame : Getting a Loving Divorce From Mom and Dad*, Science and Behavior Books, Palo Alto, California, 1979.

HORNEY, K., *The Holistic Approach,* Chap. 71, by Kelman, H. in *American Handbook of Psychiatry*, Basic Books, NY, 1959.

JACKSON, M., *Self-Like Seminar,* Los Angeles, California, 1986.

JAMES, M.; SAVARY, L., *A New Self : Self Therapy with Transactional Analysis*, Addison-Wesley, Reading, Massachusetts, 1977.

JACOBY, M., *The Analytical Encounter : Tansference and Human Relationship*, Inner City Books, Toronto, Canada, 1984.

JOURARD, S.M., *The Transparent Self,* Van Nostrand, New York, 1971.

JUNG, C.G., KERENYI, C., *Essays on a Science of Mythology : The Myth of the Divine Child*, Billingen Series, Princeton, 1969.

KAGAN, J., *The Nature of the Child*, Basic Books, New York, 1984.

KANNER, L., History of Child Psychiatry. In Freedman, A. M. and Kaplan, H.I. (eds.), *The Child : His Psychological and Cultural Development.* Vol. 2, *The Major Psychological Disorders and Their Development*, Athaeneum, New York, 1972.

KAUFMAN, G., *Shame : The Power of Caring*, Schenkman, Cambridge, Massachusetts, 1980.

KOHUT, H., *The Analysis of the Self,* International Univ. Press, New York, 1971.

KRITSBERG, W., *The Adult Children of Alcoholics syndrome : From Discovery to Recovery*, Health Communications, Pompano Beach, Florida, 1986.

KURTZ, E., *Not-God : A History of Alcoholism Anonymous*, Hazelden Educational Services, Center City, Minnesota, 1979.

KURTZ, E., *Shame and Guilt : Characteristics of the Dependency Cycle* (an Historical Perspective for Professionals), Hazelden, Center City, Minnesota, 1981.

LAZARIS, *Series of Spiritual-Psychological Teachings*, Available from Concept Synergy, 302 S. County Rd, Palm Beach, Florida 33408.

LEVIN, P., *Cycles of Power : A Guidebook for the Seven Stages of Life*, Dissertation, 1980. Available from Trans Publications, 1259 El Camino Real, Menlo Park, California 94025.

LINDEMANN, E., *The Symptomatology and Management of Acute Grief*, Amer. J. of Psychiatry, 101, 141-148, 1944.

MASTERSON, J.F., *The Real Self : A Developmental, Self and Objective Relations Approach*, Brunner/Mazel, New York, 1985.

MATTHEWS-SIMONTON, S., in Simonton, Matthews-Simonton Creighton, *Getting Well Again*, Bantam Books, New York, 1978.

MIDDLETON-MOZ, J., DWINELL, L., *After the Tears : Reclaiming the Personal Losses of Childhood*, Health Communications, Pompano Beach, Florida, 1986.

MILLER, A., *The Drama of the Gifted Child*, Harper, New York, 1981 and 1983.

MILLER, A., *For Your Own Good : Hidden Cruelty in Childrearing and the Roots of Violence*, Farrar, Stauss, Giroux, New York, 1983.

MILLER, A., *Pictures of a Childhood*, Farrar, Strauss, Giroux, New York, 1986.

MILLER, A., *Thou Shall Not Be Aware : Society's Betrayal of the Child*, Farrar, Strauss, Giroux, New York, 1984.

MISSILDINE, W.H., *Your Inner Child of the Past*, Pocket Books, New York, 1963.

MOSS, R., *How Shall I Live : Transforming Surgery or Any Health Crisis Into Greater Aliveness*, Celestial Arts, Berkeley, California, 1985.

NATIONAL ASSOCIATION FOR CHILDREN OF ALCOHOLICS, 31706 Coast Highway, Suite 201, South Laguna, California 92677 (Tel. 714-499-3889).

NELSON, P., *Autobiography in Five Short Chapters*, in Nelson P., *There's a Hole in My Sidewalk*, Popular Library, New York, 1977.

PEARCE, J.C., *Magical Child : Rediscovering Nature's Plan for Our Children*, Bantam Books, New York, 1986.

PECK, M.S., *The Road Less Traveled : A New Psychology of Love, Traditional Values and Spiritual Growth*, Simon & Schuster, New York, 1978. Version française, *Le chemin le moins fréquenté*, J'ai lu, collection J'ai lu New Age n° 2839.

ROSE, A.L., et al., *The Feel Wheel*, Center for Studies of the Person, LaJolla, California, 1972.

SAMUEL, W., *The Child Within Us Lives!*, Mountain Brook Pub., Mountain Brook, Alabama, 1986.

SATIR, V., *Peoplemaking*, Science & Behavior Books, Palo Alto, California, 1972.

SCHAEF, A.W., *Co-dependence : Misdiagnosed and Mistreated*, Harper/Winston, Minneapolis, 1986.

SCHATZMAN, M., *Soul Murder : Persecution in the Family*, New York, 1973.

SIEGEL, B.S., *Love, Medecine and Miracles : Lessons Learned About Self-Healing from a Surgeon's Experience with Exceptional Patients*, Harper & Row, New York, 1986.

SIEGEL, B.S., SIEGEL, B., *Spiritual Aspects of the Healing Arts.* In Kunz, D. (ed.) : *Spiritual Aspects of the Healing Arts,* Quest, Wheaton, Illinois, 1985.

SEIXAS, J.S., YOUCHA, G., *Children of Alcoholism : A Survivor's Manual,* Crown, New York, 1985.

SIMOS, B.G., *A Time to Grieve : Loss as a Universal Human Experience,* Family Services Association of America, New York, 1979.

SMALL, J., *Transformers : Therapists of the Future,* DeVorrs, Los Angeles, California, 1986.

SPITZ, R., *Hospitalism in the Psychoanalytic Study of the Child,* Vol. 1, Int'l. Univ. Press, New York, 1945.

STEERE, D.V., *GLEANINGS,* Upper Room, Nashville, Tennessee, 1986.

VAUGHAN, F., *Awakening Intuition,* Anchor/Doubleday, New York, 1979.

VAUGHAN, F., *The Inward Arc : Healing & Wholeness in Psychotherapy and Spirituality,* Shambhala, Boston, Massachusetts, 1985.

VIORST, J., *Necessary Losses, The Loves, Illusions, Dependencies and Impossible Expectations That All of Us Have to Give Up in Order to Grow,* Simon & Schuster, New York, 1986.

VISCOTT, D., *The Language of Feelings,* Pocket Books, New York, 1976.

WARD, M., *The Brilliant Function of Pain,* Optimus Books, New York, 1977.

WEGSCHEIDER, S., *Another Chance, Hope and Health for the Alcoholic Family,* Science and Behavior Books, Palo Alto, Califormia, 1981.

WEGSCHEIDER, S., CRUSE, S., *Choice-Making : For Co-Dependents, Adult Children and Spirituality Seekers,* Health Communications, Pompano Beach, Florida, 1985.

WEIL, A., *The Natural Mind*, Houghton Mifflin, New York, 1972.

WHEELIS, A., *How People Change*, Harper/Colophon, New York, 1983.

WHITFIELD, C.L., *Alcoholism and Medical Education*, Maryland State Med. J., October, 1980.

WHITFIELD, C.L., *Children of Alcoholics; Treatment Issues*. In Services for Children of Alcoholics, NIAAA Research Monograph 4, 1979.

WHITFIELD, C.L., *Co-Alcoholism : Recognizing a Treatable Illness*, Family and Community Health, Vol. 7, Summer, 1984.

WHITFIELD, C.L., *Co-Dependence : Our Most Common Addiction*, Alcoholism Treatment Quarterly 6, 1, 1989.

WHITFIELD, C.L., *A Gift to Myself : A Personal Workbook & Guide To Healing My Child Within*, Health Communications, Deerfield Beach, Florida, 1990.

WHITFIELD, C.L., *Alcoholism and Spirituality*, Perrin & Tregett (1-800-321-7912), Rutherford, N.J., 1985.

WILBER, K., *No Boundary*, Shambhala, Boston, Massachusetts, 1979.

WILBER, K., *Eye to Eye : The Quest for a New Paradigm*, Anchor/Doubleday, Garden City, New York, 1983.

WILLIAMS, S.K., *The Practice of Personal Transformation*, Journey Press, Berkeley, California, 1985.

WINNICOTT, D.W., *Collected Papers*, Basic Books, New York, 1958.

WOITITZ, J.G., *Struggle for Intimacy*, Health Communications, Pompano Beach, Florida, 1985.

WOITITZ, J.G., *Adult Children of Alcoholics*, Health Communications, Pompano Beach, Florida, 1983. Version française : *L'enfant d'alcoolique à l'âge adulte*, Édimag inc., 1991.

À propos de l'auteur

Charles Whitfield est un médecin qui se fait une spécialité de venir en aide aux gens qui sont alcooliques, accoutumés aux substances chimiques ou co-dépendants, et qui sont les adultes-enfants issus de familles troublées ou dysfonctionnelles. Il poursuit également son propre travail de reconstruction intérieure afin de rétablir l'enfant qu'il abrite en lui.

Le Dr Whitfield a établi sa pratique à Baltimore; il est l'un des membres fondateurs de l'Association nationale des enfants d'alcooliques. Il est professeur associé de médecine et de médecine familiale, et assistant-professeur de psychiatrie à la faculté de médecine de l'université du Maryland. Il siège à la faculté de la *Rytgers Summer School*, axée sur les études portant sur l'alcoolisme. Il est l'auteur de l'ouvrage intitulé : *Alcoholism and Spirituality*; il est conférencier et dirige des ateliers partout aux États-Unis.

Si vous souhaitez que votre nom paraisse à sa liste de publipostage en vue des ateliers qu'il dirigera dans votre région, veuillez faire parvenir une enveloppe affranchie à vos nom et adresse à l'attention de : Whitfield Associates, 21 West Road, Baltimore, Maryland 21204, (301) 825-0041.

NOTES POUR OBSERVATIONS PERSONNELLES

NOTES POUR OBSERVATIONS PERSONNELLES

NOTES POUR OBSERVATIONS PERSONNELLES

NOTES POUR OBSERVATIONS PERSONNELLES

NOTES POUR OBSERVATIONS PERSONNELLES

NOTES POUR OBSERVATIONS PERSONNELLES

NOTES POUR OBSERVATIONS PERSONNELLES

NOTES POUR OBSERVATIONS PERSONNELLES

Achevé d'imprimer
en avril 1993
sur les presses de
Imprimerie H.L.N. Inc.

Imprimé au Canada — Printed in Canada